北宋故事

一口气读懂中国史

将进酒·黄 著

人民东方出版传媒
東方出版社

北宋大事记

公元 960 年　赵匡胤建北宋，是为宋太祖

公元 976 年　宋太宗赵光义即位

公元 997 年　宋真宗赵恒即位

公元 1004 年　澶渊之盟

公元 1022 年　宋仁宗赵祯即位

公元 1043 年　庆历新政

公元 1063 年　宋英宗赵曙即位

公元 1067 年　宋神宗赵顼即位

公元 1069 年　王安石变法

公元 1085 年　宋哲宗赵煦即位

公元 1100 年　宋徽宗赵佶即位

公元 1125 年　宋钦宗赵桓即位

公元 1127 年　金人攻破开封，北宋灭亡

目录

第一章　开国二帝

第二章　和平下的荣耀

第三章　变法与反变法

第四章　“靖康之耻”

引子

宋朝的历史延续五代而来，用台湾学者柏杨先生的话来说就是，五代是历史上第二个大分裂时代，军阀们打得昏天黑地、乌烟瘴气，直到宋朝的建立，一个河清海晏、安居乐业的时代开始了。

历史学家把宋朝的历史分为两段：北宋和南宋。相似的提法是历史上的西汉和东汉，但西汉和东汉的统治家族之间最多只能算远房远房又远房的亲戚，而北宋和南宋其实是一家人，南宋是北宋的延续，是北宋的小号版。

北宋的故事，要从开国之主赵匡胤说起，他的权力是从后周政权而来：公元 960 年，才智兼具的老兵赵匡胤，从后周政权的孤儿寡母手中强行接过了一份巨大遗产，建立宋朝，这就是历史上有名的“陈桥兵变”。创业艰难的人一定很羡慕赵匡胤，因为这个老兵只用两步就建立了北宋。第一步是出城，第二步是进城……

第一章　开国二帝

公元960年，后周皇帝的禁军司令赵匡胤被部下“黄袍加身”，“兵不血刃”地进入后周都城，建立了北宋政权，长达五十多年的闹哄哄的五代宣告终结。

赵匡胤即宋太祖，是位慈悲的开国君主。他懂得杀戮只能制造仇恨的种子，所以采用温和的手段解除大将的兵权，又与开国精英共商统一大计，终于在有生之年统一中国南方。继之而起的宋太宗赵光义，攻灭北汉，彻底结束了五代以来的分裂割据局面。

从960年宋太祖开国，到997年宋太宗去世，两任皇帝用三十七年时间为北宋的强盛奠定了扎实的根基。

“陈桥兵变”

公元959年，后周第二任皇帝柴荣驾崩，他年仅七岁的儿子柴宗训继位，符太后垂帘听政。孤儿寡母，坐着天下最高贵的位子，这样的日子无疑就像走钢丝，出事，那是迟早的！

果然，960年元旦刚过，边疆一带就来了警报：大事不好，北汉皇帝刘钧约辽兵一起，磨刀擦枪地给皇上“贺喜”来了！太后闻报，急忙召宰相范质等来商量。范质就推荐了手握重兵的殿前督检点（禁军统帅）赵匡胤，并表扬老赵同志“忠勇绝伦”，让他去处理这事，肯定没问题，还下令各地军队都来帮忙，让他们听从赵匡胤的调遣。

这边，赵匡胤自然是心里暗喜，他立即召集一帮好兄弟，包括石守信、王审琦、高怀德、张令铎、张光翰、赵彦徽等，率领着军队奔赴所谓的前线。

话说赵匡胤率领大军到了陈桥驿，这时天也黑了，兄弟们也都累了，于是就停下来休息，赵匡胤让大家洗洗睡去。但就在这

庙堂真相

政权从孤儿寡母手上来

这种情况，历史上已经很多见。960年，赵匡胤又重演了这一幕，不流血不流泪地从后周柴氏孤儿寡母手中接过权杖，登上帝位，大宋国的历史由此揭幕。赵皇帝并立下誓约：保全柴氏子孙，有罪不得加刑。

天晚上，一件大事发生了。

历史是这样记载的：随军参谋苗训站在营外仰头看天。赵匡胤的一个亲信楚昭辅走过来，看到他就问：“苗先生，你在看什么呢？”

苗训不语，继续看天。天早黑了，满天星斗。又看了一会儿，苗训掉过头来，用手指着西边跟楚昭辅说：“你不见太阳下面，还有一个太阳吗？”

楚昭辅以为自己听错了，但见他说得慎重，提起十二分的精神向那边看。活见鬼的是，他也看到了太阳下还有一个太阳。据他后来说，那两个太阳互相摩荡，熔成一片黑光。忽而一日沉没，忽而一日独现光芒，格外明朗，两个太阳旁还有紫云环绕。

他就问苗训：“这就怪了，怎么回事呀？”

苗训说：“你是赵老大的亲信，我就实话跟你说了吧，这就是天命。先没的太阳，应验在周；后现的太阳，就要应验在赵老大身上了。”

楚昭辅立即把这件事传了出去，顿时一传十，十传百，军中上下都啧啧称奇：既然天意如此，那我们是不是该做点什么来顺

庙堂真相

黄袍加身

黄袍作为皇帝的象征是唐高祖李渊定下的，黄色自此成为皇帝的专用色，而黄袍也就成了龙袍。五代时期，军阀虽然跋扈，但士兵更为骄横。所以“强迫”上司当皇帝的黄袍加身甚为流行。享有此项殊荣的皇帝，先后有四位：唐明宗李嗣源、唐废帝李从珂、后周太祖郭威，赵匡胤屈居第四，但最成功。

应天意呢？于是，赵匡胤手下的大将兼好兄弟高怀德首先站出来了：“咱们现在的皇帝是个小孩子，他懂得什么呢？就算咱们兄弟们再怎么拼命干活，他也不会记得的。我看倒不如应天顺人，先立赵大哥为天子，然后北征，大家觉得这样好不好？”

众将应声道：“好！我们就这么办。”

这时，又有人突然提出：“这事儿是不是得先跟老大汇报一声？不过要是我们汇报了，老大肯定不答应，好在老大的亲弟弟赵光义也在这里，我们不妨先和他说说，听听他的意见。”

于是，众人就跑到赵光义那里，赵光义先是大吃一惊，然后说：“这么大的事，我也做不了主，咱们还得去找一个人。”

这个人叫赵普，职位相当于赵匡胤的办公室主任。赵主任一见到众人，也装蒜：“这么做不妥吧？”

众将答道：“妥！”

赵普就说：“是啊，如今主少国危，只有咱们老大一向威望高，国内国外都拿得起来，老大不出山，天下老百姓就都过不上好日子啊！那我们今晚就准备准备，明天一早就把这事办了。”

第二天，天还没亮，一群人就跑进赵匡胤的营帐，把昨天晚

野史秘闻

大事不问妇道人家

赵匡胤想夺取后周政权、自立为帝，跟家人商量。姐姐正在厨房做饭，一听，立即脸色发青，提着擀面杖追着赵匡胤就打，边打边骂：“你一个男子汉大丈夫，面临这样的大事，既然拿定了主意就自己做去，跑回家来让我们妇道人家为你提心吊胆算什么！”赵匡胤被骂得无言以对，尴尬地走了。

上喝得人事不知的未来皇帝扶住，又把一件早已经准备好的黄袍披在他身上，是为“黄袍加身”。

赵匡胤先是不肯，说你们这样干不是要害我吗？经不起大家的一致请求，他就说：“真要这样做的话，你们可就必须听我的。”

众将当然听他的，不然为什么要拥戴他做皇帝。于是，赵匡胤整顿军队，又杀回了后周的都城。由于都城的军队很少，他很容易就冲了进去。这就是历史上颇具传奇色彩的“陈桥兵变”。赵匡胤废掉了后周的小皇帝，自己登基，定国号为宋。

向历史借智慧

历史就是一出戏

“陈桥兵变”的真相，历来都有不同说法，主流的看法是：这根本是一出安排好的戏，就连边疆警报都是假的，主要演员是赵光义、赵普和一干将领。主要演员们演得投入，跑龙套的自然也就卖力，于是假戏也演得跟真的一样。但不管真相如何，不流血的政变总比流血的政变好，和平过渡总比不和平的过渡好。

“杯酒释兵权”

宋太祖自登基称帝后，经常陷入思考，其中有一个问题，他百思不得其解。于是他问秘书赵普：“为什么五代时期的皇帝都如走马灯一样，一会儿换一个，搞得人们眼花缭乱呢？”赵普回答：“因为许多高级将领控制着中央军，由于离皇帝近，他们很容易就能把皇帝推下龙椅。”

宋太祖若有所思，随即舒心一笑：“现在掌管中央军的都是我的好兄弟，他们是不会背叛我的。”

赵普笑笑：“他们是不可能背叛你，但他们手下的士兵呢，谁敢保证？”

赵匡胤听了一愣，赵普继续开导：“您当初也不想背叛，可我们把黄袍穿在您身上，您不就带着我们杀回来了？”

赵匡胤不想提那段历史，大家都知道是怎么回事的事，提起来当然尴尬，于是，他话题一转：“我把他们当兄弟看。”赵普马上就接了过去：“后周世宗皇帝也把您当成兄弟。”赵匡胤觉

名臣风骨

半部论语治天下

赵匡胤未做皇帝时，赵普是他的书记，等赵做了皇帝，赵普便成了宰相。但习惯一下子改不过来，皇帝不拿自己当皇帝，宰相也没拿自己当宰相。有一回，杜太后看见赵匡胤和赵普在忙工作，上前表扬赵普，说：“拜托赵书记多用心哪，我家儿子很多事不懂呢。”赵普长于吏事，但不怎么读书，一生只学过《论语》，自称只用了半部《论语》，就辅佐宋太祖定了天下。

得，戏演到这里就差不多了："那我们该怎么办？"赵普略一思考，给赵匡胤出了个绝妙的主意。赵匡胤也略一思考，就同意了。这一天，大家下了朝，赵匡胤把在京城的那几位将领留了下来。哥儿几个知道，赵大哥又要请客了。

赵大哥这个人最喜欢请客，这是人所共知的。兄弟们一边喝酒，一边回忆从前的光辉岁月。赵匡胤虽然爱喝酒，但对菜却没有太多讲究，只要有菜，哪怕是年糕都可以下酒。

喝到掌灯时分，赵匡胤看差不多了，抽了个大家都没有讲话的空子，长叹了一声："唉——"石守信先听到了，就碰了碰身边的王审琦："皇上为何叹气？"王审琦听得不太清楚，但一见赵大哥垂头丧气的样子，就知道，可能发生什么事情了。就问："您如今已经是皇上了，还叹什么气呢？"

赵匡胤马上接了过来："你们不知道，自从当上皇帝后，我就犯了神经性头痛，每天都睡不好。"

大家一时不知道该怎么办，因为他们不是医生。

"你们真的不知道，如今做皇帝还不如当初做禁军统帅时快活。"

名臣风骨

向天借酒量

王审琦跟随宋太祖较早，俩人关系一直很好，但王审琦不能喝酒，每回太祖宴请，王审琦只能举着个空杯子。一天，酒喝高了，太祖举杯对天说："审琦呀是我的好兄弟，我们当共享富贵。酒是这么美好的东西，老天您快借他一些酒量吧！"然后跟王审琦说："老天已经赐你酒量了！"王审琦听了，端起杯子一尝，真的有了酒量。但只能是跟太祖一块儿喝，自己回到家里，照样滴酒不能沾。

大家都愣着。

赵匡胤见兄弟们慢慢入道了，就继续说道：“我能当皇帝是因为你们的拥戴。所以，我一想，就睡不着。”

石守信听明白赵大哥是什么意思了，但同时，他倒抽了一口凉气，酒也醒了一半：“陛下怎么说这样的话？现在天下已定，谁敢有异心？”

赵匡胤故意皱着眉，指着他们道：“我说你们幼稚不是，你们当然不会有异心，但如果你们手下的人贪图富贵，一旦以黄袍披在你们身上，你们不想干能行吗？”

没有人敢说行，当初，他们“威胁”赵大哥就是例子：“如果你不当这个头，我们就把你杀掉，再拥一个出来。”

王审琦是聪明人，马上就听出赵大哥想干什么来了。但这种事情，他不便先说出来，因为聪明不是在这个时候用的。

几个兄弟都推开桌子跪在地上，请赵大哥给指条明路。

赵匡胤马上就给他们指出了一条明路：“人生如白驹过隙，多攒点儿钱享受，让子孙也享福。你们不如放弃兵权，去选个好地方做官，为自己和子孙置业，快乐地过一生。我与你们结成儿

庙堂真相

杜太后的喜与忧

赵匡胤的母亲杜太后，人称“四娘子”。陈桥驿兵变成功，消息传来，杜老夫人很镇定地说：“我儿一向志存高远，现在终于实现了。”赵匡胤称帝后，杜老夫人成了太后。当大臣们向她祝贺的时候，太后却皱起眉头，有人问：“皇上即位，您成了太后，怎么还不高兴呢？”太后回答：“皇帝不好做，做得好，无限尊贵；做得不好，甚至出了乱子，那再想做一个老百姓就怕也做不成啰。”

女亲家，彼此无猜疑，这样多好。”

是好！

石守信等人猛然间明白了，这是让自己主动缴枪啊。但不缴又能怎样，他们现在拥有的一切都是赵大哥给的，连每天喝的酒吃的菜也是赵大哥给的。吃人家的嘴软，拿人家的手短。况且，他们还不具备“吃人家的嘴硬，拿人家的手长”的实力。唯今之计，只有两个字可以解决当前的尴尬：谢恩。

大家一起跪下，叩头谢恩：“陛下为臣等考虑得这样周全，真是让我们感激涕零啊。”

第二天，这些老部下突然就得了病，并且这种疾病只要一天在任上，就永远不会痊愈。于是，他们只能辞职。赵匡胤很高兴地惋惜了一番——准奏。

这就是历史上传说了多年的“杯酒释兵权”，这件事发生在大宋立国的第二年（961 年）七月。这之后，赵匡胤连续把自己的女儿嫁给兄弟们的儿子，原本是兄弟，现在是亲家，大家其乐融融。

向历史借智慧

好合好散也是一种美德

老公老婆一起过久了，都会觉得需要点个人空间，严重的会考虑分手，何况是一起做公司的兄弟——船到岔路口，自然要分手。这时，好合好散就是一种美德。宋太祖仁义，不像以前的刘邦和以后的朱元璋；石守信等人也识趣，拿了遣散费就过自己的小日子去了，所以他们的分手是愉快的。

太祖遇伏

自古以来，很多人都想做皇帝，大家以为当皇帝是个很好的工作，实际上，做了皇帝的人，倘若真想把这个工作做好，绝不是一件容易的事。皇帝除了要应付天下大量繁杂的事务外，还要时刻担心自己的工作是否能保住。他们每天都活在恐惧中，很怕一不小心，就丢了这份工作。

大宋开国皇帝赵匡胤刚工作的第二年年初，就遇到了一件不顺心的事。某天，他坐着轿子在京城里察看民情，正在专心赶路时，“嗖”的一声，一支箭射中了他的轿子，离他头顶只有六寸，力量很大，箭身还颤个不停。轿子外的侍卫哇哇大叫，抽刀出鞘，紧张地围住轿子。

这时，赵匡胤却走出轿子，站在侍卫包围圈里，当众就把上衣脱了，大声叫道：“再来，再来。”

刺客不是傻子，见一击未中，早就跑了，赵匡胤在那里扯着嗓子喊了半天，也不见任何动静，就在众侍卫劝说下，上轿子回

庙堂真相

李汉超的幸运

李汉超是大宋开国功勋之一，不拘小节，但宋太祖常予以包容。961 年他在担任关南边防司令时，当地平民向宋太祖控告他强娶民女，借钱不还。宋太祖安慰申诉人：“你的女儿嫁给他，不比做农家媳妇强吗？要不是李汉超驻守在关南，你能保护自己的财产吗？”事后，宋太祖悄悄给李汉超送信：“赶紧把女儿和欠款还给人家，不要再干这样的事了。”李汉超感激涕零，工作也更加卖力了。

宫了。

第二天，他依旧跑出来察看民情。这样，几天下来，他身边的人可是不愿意了。有个叫翟守的人劝赵匡胤说："大家都知道您的天下是怎么来的，来得太容易，您就不懂得好好珍惜？万一有个三长两短，可如何是好？"

赵匡胤从轿子里探出头来，笑着说："我这个人最信的就是命，你看以前的帝王，怎么就是帝王了呢？因有天命。天下的东西是你的就是你的，谁也夺不去。若不是你的，你无论如何都保不住。以前周世宗在时，见有肥头大耳的将士，就认定他们有皇帝相，就杀掉，可我耳朵很大，脑袋也很肥，并且经常跟他在一起，也没有遭到迫害，这说明我做皇帝是天命所归，刺客的竹扦（箭）能奈我何呀？"

翟守听了这篇唯心主义的演说，虽然知道不对，但也没法反驳，只好闷声走路。赵匡胤这种心态让很多人自愧不如，不过，自这件事之后，赵匡胤再也没有出去过。这样看来，赵匡胤不但有好心态，而且还深深懂得儒家的教诲：君子不把自己置于危险的地方。

向历史借智慧

这个皇帝是纯爷们儿

赵匡胤虽是武夫出身，但行事倒不粗，且很有自己的一套。想象他遭遇冷箭后，光着膀子在那里骂街的情形，很流氓，很率性，也很可爱——这兄弟咋就这么有意思呢？但王夫之就认为赵匡胤在装蒜，那个杀手是他自己找的。这是一场典型的"天命论"炒作。

雪夜访赵普

大宋开国之初的那几年，皇帝赵匡胤总是睡不着。为了治疗失眠症，他在一个风雪交加的夜晚来到了新任宰相赵普的家中。

赵普有个习惯，即使在家也穿着朝服，直到睡觉才脱掉。赵匡胤敲门的时候，赵普还在看《论语》，仆人们已经歇息了，他只好自己去开门。开门后，一见是皇帝，赵普吓了一跳，急忙将皇帝让进房间，两人一起烤火。

赵匡胤身上渐渐有了暖意。赵普这才问道："您这么晚还不睡？"

赵匡胤回答："哪里有心情睡觉啊。"

赵普不明白，皇上刚搞了"杯酒释兵权"，怎么又睡不着了呢？

赵匡胤小声地看着赵普说："卧榻周围，都是他人，叫我如何酣睡？"赵普明白了，皇上是为了南方的割据政权和北方的北汉与契丹而来。这个问题不是第一次讨论了，但在这样的雪夜里，君臣俩烤着火讨论这事儿，却是头一遭。"我想先北后南，先把

庙堂真相

契丹

契丹，中古中国东北地区的一个民族。自北魏开始，契丹在辽河上游一带活动，唐末趁中原大乱建立了强大的地方政权，唐灭亡的那一年（907 年）建立契丹国，后改称辽，统治中国北方。辽先与北宋交战，"澶渊之盟"后，双方和平相处了一百多年。辽末，女真族崛起，辽帝国迅速走向灭亡，于1125年为金所灭，余部建立西辽王国，又延续了九十三年。

北汉拿下来。”赵匡胤看着赵普说。赵普感觉到了皇帝语气中的不坚定，想了一想，回道：“我不这样想。”赵匡胤等着听他的想法。“北汉的中心太远，在西北，正好是契丹的方向，先不要说我们是否能拿下北汉，即使拿了下来，我们该怎么守？到那时，契丹与我们脸对脸，我们是凭空弄了个累赘回来。倒不如先削平南方诸国，把南方的粮食和金钱储备起来，待时机成熟再灭北汉，这样我们就有能力保护太原了。”赵普说得很激动，手有点颤，“最后，我们以太原为根据地，搞死契丹，收复燕云十六州。”

赵匡胤也很激动，他看着赵普的脸，那是一张写满无限憧憬的脸。从他的脸上，赵匡胤仿佛看到了一幅大宋江山图，南到大海，北到当时契丹的最北面；他又仿佛看到了大宋的百姓在契丹的最北面种菜、写词、踢足球。他抓住了赵普的手。

“我们真是想到一起了！”

不过，想法归想法，几百年里，大宋一直就没能赢过契丹，反倒是自己的地盘被越挤越小。

向历史借智慧

事业心是一种折磨

俗话说：“只看贼吃肉，不看贼挨打。”人人都知道做老板好，却不了解做老板也有做老板的难处。赵匡胤说自己做了老板后，还不如以前快活，这话应该是切身体会。对所有人来说，事业心都是一种折磨，但作为职业经理人的赵普与作为老板的赵匡胤，受折磨的程度到底不一样：公司的命运就是老板的命运，职业经理人或许还可以贪图个一时享乐，但老板是必须直面这个命运的。

宋太祖不计前仇

赵匡胤称帝后，赵普有事儿没事儿地就提醒皇上当初浪迹天涯时受人欺负的事。宋太祖不但有副好心肠，还很有气量。看着赵普那张“睚眦必报”的大脸，他不耐烦地说：“如果每个人都可以在茫茫人海中一眼看出谁是将来的皇帝，谁是将来的宰相，那农民还种地做什么，都去开猎头公司得了。”

赵匡胤当皇帝之前，四处寻找发家致富的机会，但他身无长技，所以每每遭受别人的冷眼。当初，赵匡胤跑到随州（今湖北随州）州长董宗本那里撞大运。大运没有撞到，倒屡屡碰“钉子”。钉子就是董宗本的儿子董遵诲。董遵诲是个神经兮兮、志大才疏的人，见父亲很喜欢赵匡胤，不禁妒海生波，经常找赵匡胤的碴。赵匡胤本就大度，再加上寄人篱下，所以总躲着钉子走。

世界上有一种人，你越是给他脸，他越是不要脸。董遵诲显然就属于这种人。有一天，董宗本和赵匡胤谈论军事问题，董遵诲也在场，见赵匡胤谈得头头是道，他也插上几句，但插得不对。

野史秘闻

奇人自有奇故事

一个人但凡出色点，自然而然就会有不少传说、传奇与之相关，宋太祖赵匡胤自然不例外。根据野史记载，某回赵匡胤在一家寺院蹭地方睡觉，有个和尚看到一条赤蛇在他的鼻孔里进进出出。世传谣言“若要太平，须待定光佛出世”，所以有人说赵匡胤是定光佛转世；更绝的是，当年赵匡胤、赵光义兄弟俩年幼时，家里穷，母亲一边筐里装一个，挑着去逃难，路上有神仙唱着歌谣：“莫道当今无天子，都将天子上担挑！”赵光义后来也做了皇帝，就是宋太宗。

赵匡胤温和地反驳他，这下，董遵诲暴跳如雷，冲到赵匡胤身边，就要和他干仗。如果不是董宗本喝止，二人非得搞出个你死我活来不可。经过这件事后，赵匡胤决定离开。在送行会上，董遵诲神经兮兮地说："我经常看见随州城上空紫云如盖，还遇到过一条黑蛇，长有百丈，忽然化为一条巨龙腾空而去。这是什么征兆？"赵匡胤笑而不答。

后来，董遵诲在后周朝廷里做了皇帝亲军军官。960 年陈桥兵变发生，赵匡胤做了皇帝，这下，董遵诲可睡不好觉了。一天，他在偏殿朝见赵匡胤，浑身战栗，跪在地上请求一死。

赵匡胤哈哈大笑，命左右将他扶起来，问："还记得当初你说的什么紫云如盖、黑蛇化龙的事情吗？"董遵诲说："我是个蠢货，不识真龙天子，从今以后，做牛做马，誓死相报。"

这件事发生后不久，有当兵的击鼓鸣冤，控告董遵诲违法乱纪，侵犯人权。董遵诲又惶惶不可终日。赵匡胤召见他，问他："听说你在家不吃不喝？"

董遵诲点头。赵匡胤又问："可是为了士兵告你之事？"董遵诲又点头。赵匡胤语重心长地说："当初你那么对我，我都不

野史秘闻

为天下百姓守财

女儿永庆公主劝宋太祖："皇上的车轿该用黄金装饰。"宋太祖笑着说："朕富有天下，甭说用黄金装饰车轿，就是用黄金装修房屋也能办到。不过，想到朕是为天下百姓守财，就不能这么干呀！古人讲：以一人治天下，不以天下奉一人。如果让天下百姓都为朕一人服务，百姓们如何活命呢？"

追究，现在只是一点小事，我怎么可能追究呢？你不要怕，但以后必须改过自新，这样才可能发大财致大富。”

董遵诲几日来的恐惧瞬间化作泪水，喷涌而出。

董遵诲后来被任命为环州（今甘肃环县）军事长官。他到任以后，经常召集当地的酋长开展集体会议，学习朝廷政策，宣扬皇上的恩德。众人都愿意效忠大宋，环州边境安宁，人民安居乐业。

赵匡胤后来说，环州安宁，董遵诲功不可没。但话说回来，董遵诲之所以死心塌地地为朝廷做事，赵匡胤宽广的胸怀功不可没。

向历史借智慧

能成事者必用人

“善用人者能成事，能成事者必用人”，一个文人、一个侠客，可以“快意恩仇”，但一个领导必须有一定气量，所谓“宰相肚里能撑船”。自古以来，成大事的人多会用人。对董遵诲，赵匡胤不计前嫌，恩威并施，不但换得他为自己卖命，还彰显了赵匡胤为人的宽厚。赵匡胤能平定天下，就是因为有很多像董遵诲这样的人在死心塌地地为他做事。所以说，一个领导者，一定要有容人之量、容人之智，同时又要有用才之能。

十四万人齐解甲

虽然后蜀在北宋建立后经常向宋太祖进贡，但赵匡胤仍然想把“进贡”关系改成“上下级”关系。困难就在于如何找到借口。这时，后蜀大臣王昭远，心有灵犀似的给了他一个借口。王昭远也想改变对宋的朝贡关系，于是劝后蜀皇帝孟昶派人联络北汉，一南一北把北宋夹在中间包成包子。

想不到送信的人认为皇帝有病，就跑到宋太祖那里告了密，宋太祖下令讨伐后蜀。

北宋乾德二年（公元964年）十一月，北宋出动步骑兵混合军六万人，分两路征讨后蜀。得知北宋出兵，孟昶惊慌不已，对王昭远说：“若不是你，敌人怎么能来，你要好好给我把这件事解决一下。”

王昭远摇头晃脑地接下任务，大有一统天下之志。在饯行酒会上，他手拿铁如意，捋起袖子对人说：“我这次出征，目的不是打败敌人，而是要北取中原！”他的话让我们想起了魏晋时期

社会风情

世代专写降书

孟昶的投降书是宰相李昊所写，文风汪洋恣睢而不失卑躬屈膝，堪称投降书的典范。实际上，李昊是个写投降书的老手，前蜀（907—925年，王建创立）灭亡时，他就牛刀小试过，孟昶投降书发布时，有人晚上在李昊家的大门上写下一行大字：世代专写降书的李家。

穷咀蛆的陈藩，据说他的房间比猪圈还要脏，朋友就捏着鼻子问他：“你怎么不打扫一下？”他直着脖子说：“我是扫天下的人。”朋友当即反问：“你连一个屋子都扫不明白，扫什么天下？”

王昭远就是这样的一个人，没有把屋子扫明白就想去扫天下了。

当年十二月十九日，北宋军队总指挥王全斌像吃花生一样，津津有味地吃掉了后蜀二十多座军事营寨。另一路宋军如同喝水一样，轻松解决了后蜀战舰二百多艘，兵临长江。

到此时，后蜀军队总指挥王昭远还没有发现自己愚蠢，仍然错误地进行指挥。965年春天，王昭远被宋军打败，消息传到后蜀都城，孟昶吓得魂不附体。

他急忙任命皇太子孟元为元帅，让他领着一万多人到前线去救急。孟元没有能力救急，但有本事玩乐，他一到前线剑阁，就跟自己随军的小老婆们朝“酒”晚“舞”起来。当北宋大军突破剑阁，他想都不想，喝着酒跳着舞跑回了都城。这下，都城沸腾了。

有人建议孟昶死守都城，理由是，北宋长途跋涉必然不能持久，等他们累了饿了，要么撤退，要么被消灭。孟昶早已经丧失了斗志，或许从一开始他就没有过。他叹息说：“我们父子四十年来给军队吃好

庙堂真相

花蕊夫人

花蕊夫人本姓费，四川青城人，艳绝人寰，文才盖世。请注意一点，孟昶叫费女士“花蕊夫人”之号实为跟风。前蜀内枢密使潘炕的爱妾赵解愁可能是第一个号“花蕊夫人”的女子；第二位则是被前蜀主王建纳入后宫的后唐眉州刺史徐耕的小女儿。人人都想把自己的老婆命名为“花蕊夫人”，可见“花蕊”应该是形容才色俱佳、无与伦比的常用词。

的穿好的，可你看，从开战到现在就没有一场胜仗。还是算了吧。”

也有人站出来提醒他，我们都城还有十四万士兵，而宋军现在还不到六万，怎么能说算就算了呢？

孟昶坚持要“算了”。于是，他命人起草投降诏书，十四万人放下武器，大开城门，把宋军迎进了都城。宋太祖听到只用半年时间就灭掉了后蜀后，激动得浑身颤抖。他让孟昶和他的皇族进京。其中有一位才色双全的女人，她就是孟昶的贵妃花蕊夫人。宋太祖一见到她的时候，大吃一惊：想不到这个世界上还有这样漂亮的女人，更想不到这样漂亮的女人居然跟了孟昶这样窝囊的男人。他对花蕊夫人说：“你的容貌我是见到了，听说你的文才也不错。今天就以《蜀亡》为题写诗一首如何？”

宋太祖这种小人得志的样子并没有让花蕊夫人呕吐，她提起笔，略一思索，就写下了《述亡国诗》：

君王城上竖降旗，妾在深宫那得知？十四万人齐解甲，更无一个是男儿。宋太祖深深惊叹。更让我们惊叹的是下面的事——三日后，宋太祖请孟昶喝酒。晚上，孟昶拉肚子。第二天，孟昶卧床。十天后，孟昶去世。当夜，宋太祖召花蕊夫人来见。

向历史借智慧

美女是成功的奖励品

后蜀主孟昶把国丢了，自己的命也没能保住，所以有人说他是“因红颜而亡国”——谁让“花蕊夫人”太有名了呢？孟昶的不思进取、贪图享乐，赵匡胤的不招自来，到头来都拿“花蕊夫人”这个大美女顶罪。其实，作为一个政治家，赵匡胤要打后蜀不可能是冲着“花蕊夫人”去的，美女只不过是他成功的奖励品之一。

两伐北汉

南唐被纳入大宋版图后，群臣欣喜若狂地让赵匡胤加尊号“一统太平”，赵匡胤指着北面说：“燕（幽云）、晋（北汉）还在那里生龙活虎的，何来一统太平！”赵匡胤始终把搞掉北汉、收复燕云十六州作为迫切的理想。

早在北汉刘钧做皇帝时，宋太祖就让使者对其动之以情，晓之以理：“你和后周是世仇，当初坚守不屈很正常，可现在我做皇帝了，与你无冤无仇，你何必要把一方之民困在那里，让他们生不如死呢？你如果真想夺取中原做中国皇帝，就走出太行山，咱们一决胜负。”

刘钧回复宋太祖：“河东土地、军队，比不上中原十分之一，然而我们刘家世代不是叛国者，之所以要坚守这块小地盘，是怕刘家祖宗享不到祭肉啊。”

赵匡胤被感动了，实际上他是觉得先打南方要紧，所以，在刘钧有生之年，他没有发兵攻打过北汉。

庙堂真相

短命的北汉政权

北汉是五代时众多的割据小政权之一，地盘不出今山西省，从 951 年到 979 年，存活了不到三十年。北汉政权自身没什么优势，就投靠了北方的辽国，自称侄皇帝，比起臭名昭著的儿皇帝石敬瑭来，其实也没强多少。稍好一点的是，北汉不向辽国割地，几任皇帝也还算努力自强。

公元968年，刘钧去世，他的养子刘继恩继位，这位皇帝很快就被混入北汉内部的宋朝江湖高手刺杀，继任者为刘钧的另一养子刘继元。赵匡胤觉得攻打北汉的时辰已到，开始对北汉采取军事行动。

大将李继勋、党进、曹彬等领兵向北汉推进，在铜锅河大败北汉军队，兵临太原城下。北汉向辽国求救，辽国派大将耶律述烈赴援，北宋军大败。968年年末，北宋军队无功而返。第一次伐北汉的失败让宋太祖极为不甘心，他在进行了周密的部署后，于969年正月，先发大军，接着准备亲征。当年三月，宋太祖来到太原城下，开始围攻太原城。当时最让宋太祖印象深刻的就是北汉大将杨业（也就是后来杨家将的老掌门），这个老兵似乎不怕死，每晚都会带领人摸出城，对宋军进行骚扰性的袭击。宋太祖攻不下城很头疼，因为辽军很快就会到来，但太原城异常坚固，根本无法攻破。宋太祖使出一个狠招，把汾水、晋水掘开，灌城，太原城里成为水的世界，可依旧不投降。四月，辽国两路援军赶到，宋太祖分兵将两路辽军杀退，而且砍了很多辽人的脑袋。宋军又在太原城下办了个“契丹人头展”，城上的北汉士兵看得心惊肉跳，

野史秘闻

带汁诸葛亮

北宋伐后蜀时，后蜀皇帝孟昶让王昭远迎敌。王昭远自命不凡，吹嘘自己是再世诸葛亮，号称带上两三万兵，就能让宋军有来无回。结果遭遇宋军，王昭远一触即溃，又羞又急，眼泪哗哗地流，人称“带汁诸葛亮”。

不过，他们就是不投降。

宋军也只好再进行强攻，城没攻下来人却没少死，几员大将也死在了城下。宋太祖的侍卫长赵廷翰向宋太祖请战，嚷嚷着要率领卫队营的这些人去拿下太原，宋太祖发了慈悲："你们这些人受到我多年的训练和关爱，每个人都是以一顶百的，可谓是高手高手高高手。但你们的价值不体现在攻城上，而体现在如何让我有安全感上。你们应该死得其所。"宋太祖这番话，令侍卫们感动得直流泪。

久攻不下，又损兵折将，连天公也不作美，突然下起连绵雨来，大军开始水土不服，很多人拉起了肚子，疾病流行，士气大打折扣。而辽国的第二批援兵也赶到了，驻在太原城西。有人劝宋太祖班师，宋太祖想不到别的理由不班师，在撤退时，再发慈悲，遗弃了大量军资给北汉。这之后，宋太祖又与辽媾和，转兵向南，重新拿起了"先南后北"的统一战略。

向历史借智慧

找准每个人的定位

卫士是用来打仗攻城的，而大将是用来保护自身安全的，即使到了紧要关头，也还能清醒地明白这个道理，这样的领导确实是英明的领导，有头脑，有担当。不仅当领导的要知道每个人的价值所在，个人更要明白自己的长处和价值所在：上班族，不拿自己跟飞人刘翔比；搞技术研发的，不拿自己跟销售人员比；做官的不跟人比富，有钱的不跟人比官……

流水落花春去也

多年以后，当前南唐后主李煜写下“流水落花春去也，天上人间”的词时，他仍然还记得自己国破家亡的情景。

那是公元966年，宋太祖在灭掉后蜀之后，把目标锁定为南汉。宋太祖很爱惜生命，于是就请南唐后主李煜用他的才情给南汉写劝降书，李煜羞愤难当，但还是照办了。这件事发生之后，李煜突然着了魔，居然奋发图强起来。第二年的三月，他下令让所有高级官员从早上开始直到第二天凌晨，都要在他的办公室开会。大臣们开始时很不适应，只听皇上一个人讲，后来适应了，说出来很多话，皇上听了又不知该怎么办了。

这样的事只坚持了一年，李煜发现宋太祖那边没有动静，就“自我还原”，继续游玩去了。他觉得只要给宋太祖送礼，礼厚重了，对方就会让他偏安于东南一隅。

970年，北宋倾巢出动猛攻南汉，边防空虚。南唐大将林仁肇给李煜提供了一个大胆的想法：出动主力攻打北宋老巢。李煜

庙堂真相

南汉后主刘𬬮

970年，宋太祖听闻南汉后主刘𬬮任用一伙发明家，发明了火烧、水煮、刀山等酷刑，心碎道：“我应该拯救这一方人民。”于是让大将潘美率领大军前去征伐。刘𬬮是个窝囊废，971年被潘美活捉，押送汴京，被宋太祖封为恩赦侯。一天，宋太祖请他参加阅兵式，赏他一杯酒，刘𬬮魂不附体，哭得死去活来。因为当年，他喜欢用毒酒杀臣下。宋太祖摇头：“我推心置腹地对待你，你真是小人乱多想。”说完把那杯酒拿过来，自己喝下了。

吓坏了，他的人生字典里全是“懦弱”与“保守”，怎么可能有进攻？他说，“保境安民”吧，又吓唬林将军：“别冒虎气，小心宗社不保！”

宋太祖听说了这件事，认为林仁肇很可怕，就按照李煜的智商标准制定了一个反间计。他拿出一幅林仁肇的画像让南唐的使臣看，说这是林仁肇准备来投降的信物。使臣发了羊角风一样地跑回南唐，把这件事告诉了李煜，李煜立即让林将军喝了毒酒。林仁肇是南唐军队的灵魂，灵魂出窍了，南唐将士变成了行尸走肉。南唐国势愈来愈弱，日薄西山，已经不可救药了。

974年，宋太祖先后遣使让李煜来东京汴梁面圣，李煜躲在深宫里无动于衷。宋太祖第三次派使者警告他，如果再不来，就让大宋军队请你来。李煜这一次气得发狂，他召集军队，向士兵表示要亲征，如果不能胜利，就自焚。

宋太祖不但了解李煜的智商，还了解他的情商。听到这样的话后，太祖对左右说，这显然是李煜吹牛皮，嘴巴越硬的人，做起事来越弱。

李煜果然不辜负宋太祖的预言，当宋军在长江上搭好浮桥陆

庙堂真相

“千古词帝”李煜

李煜，江苏徐州人，即位于961年，在位十四年，对治国提不起任何兴趣，但在艺术领域却是顶尖高手，书法、绘画、音律、诗词样样精通。特别是他的词，堪称一绝，宋人中的高手、高高手都对他顶礼膜拜。其代表作品除了那首《虞美人·春花秋月何时了》外，还有《相见欢·无言独上西楼》等。

续过江时，李煜还坐在宫中冥思苦想。当宋军兵临城下时，他得出了结论：“江上架桥，亘古未闻，宋军里怎么会有这样的蠢货！”

可有一天，当他登上城墙巡视时，惊讶地发现城外遍布北宋的旗帜，都城已经被围得水泄不通了。李煜急忙跑进宫里，做了两件事，一是号召天下兵马勤王，二是派使者去汴梁，希望宋太祖网开一面。

派去的使者是个善言的人，能把死人说活。北宋的臣子得知这个人来，全都急得团团转。宋太祖自然不能后退，接见了使者。使者果然滔滔不绝，先是说南唐对大宋一直进贡，对得起大宋，然后说李煜前两次之所以不来，是因为生病。最后又说，南唐皇帝就像儿子对待爹一样对待宋朝皇帝，都是一家人，为什么要打架？

宋太祖慢慢地说：“既然是一家人，为什么要分居？让他来我这里，我们住在一起吧。”

使者慌张地跑回南唐，对着李煜直摇头。李煜知道大事不妙，可又想不出别的办法，他只有等，等都城被攻破。975年，宋军攻进了南唐的都城。李煜跑到之前堆好的柴草上，举着火把准备

社会风情

官箴戒石始于太祖

公堂前立戒石，始于宋太祖。地方衙门大堂前甬道正中立戒石，向南刻“公生明”三个大字，向北刻“尔俸尔禄，民膏民脂，下民易虐，上天难欺”十六个字。这就是官箴。太祖又说：“官吏太多，行政效率肯定低下；俸禄太少，就不能苛求官吏清廉。与其官多费钱还没效率，不如精简机构而增加俸禄。”

自焚殉国。不料火把灭了，他又从容地走了下来，跟着大臣一起向宋军投降。

李煜后来被带到了汴梁，宋太祖封他为“违命侯”。他每天的事情就是被软禁，抽空写词。宋太宗即位第三年的七夕那天，李煜写了一首词，里面有“流水落花春去也”，也有“故国不堪回首月明中”，宋太祖不知为什么，突然就很厌恶这样的亡国词，于是命人拿着毒酒把他送进了阴间。

向历史借智慧

男怕入错行

男怕入错行，尤其怕本身不是做皇帝的料，却入错了行当了皇帝。像李煜，英俊潇洒、文采风流——用作家韩寒的话来说：才华横竖都溢。这样的人，在那个写词是最时尚事业的时代，单纯做一个优秀的词人，多好啊！但他偏偏做了皇帝，而且是不成器的皇帝。所以说，年轻时一定要端正态度、选择合适的职业，适合做官的做官，有能力发财的发财，热爱行走的行走，喜欢宅在家里的，就舒舒服服地待在家里……

曹彬称病

曹彬和大宋朝的许多武官一样，关于他的传说远多于真相。不过，下面的故事却是真实的。

宋太祖灭南唐时要曹彬做元帅，并且答应，消灭南唐就让他做宰相。当时的副帅潘美提前向他表示祝贺。曹彬却说：“不会这样，这次征讨，倚仗天威，遵照皇上的妙计，才能取得胜利，我有什么功劳呢，何况宰相是多么重要的位置呀！”潘美觉得曹彬是不相信皇帝的承诺，很纳闷，于是问曹彬原因，曹彬回答：“太原（北汉）还没有平定啊。”

虽然知道自己不能当宰相，但曹彬依然勇猛，很快就渡过长江，围住了南唐都城江陵。南唐后主李煜派使者去见宋太祖，希望不要赶尽杀绝。宋太祖不答应。曹彬在前线，却让士兵慢慢地攻城，希望李煜能主动投降，避免无辜的伤亡。李煜不投降，因为他跟自己的臣子们说过，要做个“死社稷”的皇帝。宋太祖见曹彬行动迟缓，派了使者去前线见曹彬，告诉曹彬：我卖力地把南唐使

名臣风骨

落第书生樊若水

974 年，宋太宗下达攻击南唐的命令。当初，一个叫樊若水的南唐人因考进士落第，预谋投奔宋朝，但他知道不能空手去，所以就在采石长江岸边伪装成渔夫，拖着丝绳，度量长江的宽窄深浅，本年，他向宋太祖上书献策，提出攻取江南（江苏南京）的可行性方案，建议制造木筏，载渡军队。

者打发走了，你在这里却不卖力。

曹彬听后浑身发抖，先是猛烈攻城，在攻城的同时派人送信给李煜，说："我没有办法不让事情朝坏的方向发展，你若是再不投降，城破之日，不知死多少人哪。我的人是人，你的人难道是蚂蚁？赶紧投降，这是上上策。"

李煜听得七窍生烟——他活这么大，还没有见过这样的敌人，处处搞你，又处处为你打算。

曹彬当然不知道一片好心被李煜当成了驴肝肺，在金陵即将被攻破的时候，曹彬没有办法，突然就病了。

将士们见主帅这个病生得很蹊跷，就都来瞧他。曹彬精神抖擞地告诉众人，自己的确是病了。将士们就问该如何治。

曹彬说："我的病不是药物能治好的。"

众人明白，这是心病。

曹彬接着说："想要治好我的病，只需各位真心实意发誓，在攻进金陵的那一天，不乱杀一人，那我的病就自然好了。"

将士们明白了元帅的意思，为了让他尽快回到指挥部，全都答应了曹彬的要求。

名臣风骨

慈悲将军曹彬

曹彬（931—999年），宋朝真定灵寿（今属河北）人，开国元勋。在戎马生涯中，曹彬以不嗜杀闻名，被宋人称为最慈悲的军人。军人的两个基本素质，勇敢与无情，曹彬似乎都没有。如果不嗜杀就可以平定天下，那干脆去做佛祖好了。所以，曹彬不是一个好军人，但算得上是一个好人。

第二天，曹彬得偿所愿地好了。两天后，金陵城被攻破。将士们信守承诺，真就没乱杀一人。

当曹彬凯旋，见到宋太祖的时候。宋太祖果然不把之前的承诺当回事，他对曹彬说："本来应授予你宰相职位，然而刘继元（北汉皇帝）还没有打败，姑且等一下吧。"潘美听到这样的话，暗地里看着曹彬笑。宋太祖发现了，问潘美原因。潘美就把曹彬走之前的话说了，宋太祖哈哈大笑。

向历史借智慧

把期望值放低一些

不想当元帅的士兵不是好士兵，所以，有抱负、对自己要求高，是一种美德。但当这种美德遇到现实，未必就能让人快乐和幸福。也许更好的态度是：在事情一开始时，对结果的预期，不妨多一分悲观；但在努力的过程中，一定要多几分乐观。把期望值放低一些，成功了会感受到加倍的快乐，不那么成功时，也不会觉得太失落。

斧声烛影

宋太祖赵匡胤与弟弟赵光义感情很好，二人经常在一起讨论政事，还时常一起喝酒。开宝九年（公元976年）十月十九晚，大雪，二人坐在赵匡胤的寝宫喝了起来。由于赵匡胤有病在身，赵光义就不想让他喝太多，但他的酒量又没大到能让哥哥躺到床上去睡。结果喝来喝去，他自己先倒了。

赵匡胤也喝得成了不倒翁，他回头看了看皇弟，皇弟趴在桌子上不动了。见外面还在下雪，赵匡胤就拿了柄斧子走到门外，想探视雪下得有多深。一探视，见有几寸深了，他就想，皇弟今天就不要走了，因为雪实在太大了。他回过头来，看了看皇弟，皇弟睡得正香。他就踉跄着回到屋里，解开衣服，一头倒在床上，睡去了。

这个时候，皇宫中侍奉赵匡胤的太监和宫女们听到了皇上的鼾声，惊天动地地响，但到凌晨时，却听不到任何声音了。半个时辰后，有人慌张地跑到宋皇后那里，告诉她，皇上驾崩了。

庙堂真相

金柜之盟

961年，宋太祖的母亲杜太后病重，召唤赵普入宫，接受遗嘱，并对宋太祖说："你可知道夺得天下的原因？后周世宗柴荣让一个小孩子（柴宗训，七岁即位）主持天下，所以才被你夺取皇位。你下世后，应该把皇位传给弟弟赵光义，赵光义传给弟弟赵光美，赵光美再传给赵德昭（宋太祖的长子）。由年长的人做君主，是国家的福气。"宋太祖转身对赵普说："你把这些话统统记下！"赵普当即在杜太后病榻前立下誓约，写在纸上，藏入金柜中，是为"金柜之盟"。

宋皇后先是惊慌，接着就是痛哭，最后才想到该由谁来当接班人。当时，赵匡胤有两个儿子：哥哥赵德昭与弟弟赵德芳。赵匡胤与宋皇后之所以不提前立太子，就是因为想立赵德芳。在赵匡胤眼中，赵德昭表情呆滞，像个傻子，所以，他很不喜欢这个儿子。但“立嫡以长”的宗法制度此时已深入人心，他不敢向宗法制度发出挑战，又由于他自以为身体还很健康，就没有把这件事放在心上。但现在遭遇了突发事件，由于没有立太子，找来任何一人都无关紧要，所以，宋皇后第一个想到的就是赵德芳。

于是，她派太监王继恩出宫去找赵德芳，这王太监在路上琢磨了又琢磨，不知道到底想了些什么，反正，他掉转头，去了赵光义的开封府。可能在他看来，赵德芳即使做了皇帝，也未必安稳；而赵光义不然，无论是能力还是在都城的影响力，都要比赵德芳强出数倍。

王太监这样做，于公，赵光义的确是个可以承担大任的人；于私，主动亲近赵光义，会为他带来意想不到的好处。

王太监到了开封府，赵光义因为凌晨时才从皇宫回来，这个时候刚睡了不久，听说皇帝驾崩了的消息，他居然很平静。王太

野史秘闻

事情再小也比射鸟急

宋太祖在后苑射鸟，大臣称有急事求见。太祖接过奏章一看，并不是什么马上要办的事，当即训斥了大臣。大臣却说：“这些事虽不是很急，但总比陛下射鸟急吧！”宋太祖一听愈加恼怒，抄起一把玉斧（镇纸）扔过去，正中大臣两颗门牙。大臣也不作声，跪在地上捡牙齿。宋太祖问：“你想拿这个来控告我吗？”大臣说：“不敢！不过陛下既为天子，一言一行自会有史官记录在案的。”宋太祖赶紧道歉。

监让他赶快进宫登基，他又犹豫了一下。

他说："我如果现在去，会遭到众人的议论，会被认为是去抢班夺权。"

王太监着急了，提醒他："时间一长，帝位可就是别人的了。"

赵光义作恍然大悟状，这才跟着王太监冒着大雪向宫中奔去。宋皇后一见王太监回来，就问："德芳来了吗？"

王太监回头一指："是晋王。"

宋皇后什么都明白了，知道大势已去，不可逆转。但她遇事不慌，向走进来的赵光义施礼，说道："我们母子之命，全都依靠于君上了！"

赵光义赶忙还礼，连连点头，很有"一切事都包在我身上"的架势。

第二天，赵光义即位，是为宋太宗。

向历史借智慧

形势和人情才是决定性因素

历史里最让人津津乐道的就是阴谋诡计，但不管什么阴谋诡计，细看去，其实还是不外乎两个词：形势和人情。赵光义实力强、资历深，朝廷上下也向着他，皇后和皇子势单力薄，这就是形势；宋皇后见事已不可违，新皇帝毕竟也是自己老赵家的人，于是，低个头，求个情，这便是人情。"形势"是大环境，大环境弄错了，再怎么折腾也是白费劲；"人情"是小环境，小环境琢磨对了，一样顺风顺水。

灭北汉

赵匡胤在世时，把天下的赋税单独分出一份来放进封桩库，他对近臣说，石敬瑭这孙子把燕云十六州送给契丹人（后改称辽国），使得我大宋百姓不能沐浴祖国的春风，我很想解放他们。现在我们就开始攒钱，攒够一定数目时，就把十六州买回来。如果契丹不卖，那我就拿这些钱招募勇士，抢回来。

想要让契丹归还十六州，必须先拿下契丹的跟班小兄弟——北汉。

宋太宗在当了四年皇帝后，看到封桩库里的钱，他觉得与北汉做个了断的时候到了。有一天他问大将曹彬："当初，周太祖和我哥哥宋太祖都打过北汉的太原城，却都不成功，难道太原城是铁桶做的？"

曹彬告诉他，周太祖是因为用人不当而出师不利，宋太祖则是因为中途得了病。

宋太宗又问："我可不可以打？"

庙堂真相

石敬瑭白送幽云十六州

936 年，后唐河东节度使石敬瑭反唐自立，向契丹求援。契丹出兵扶植其建立晋国，辽太宗与石敬瑭约为父子。作为条件，两年后的 938 年，石敬瑭把燕云十六州之地献给辽国，使得一千多年以来用于防御北方少数民族的长城立即成为摆设。燕云十六州是今天北京、天津以及山西、河北北部的十六个州。

曹彬说："如今天下安定，国富民强，可以打。"

那就打呗！宋灭北汉之战就此拉开了帷幕。

宋太宗把能用的将领都用上了，潘美为副总指挥，四员大将崔彦进、李汉琼、曹翰、刘遇率四军分四面包围太原，又让郭进到辽军必来救援的太原北石岭部署，这就是围城打援。宋太宗是这次行动的最高指挥官。

北汉皇帝刘继元听到宋朝皇帝御驾亲征的消息后，又气又急。北宋这些年来对北汉简直是执着如冤鬼。宋太祖在的时候，就常派小股军队骚扰北汉，还抢收北汉郊外的粮食。所以，做北汉的皇帝实在是一件非常劳心伤神的事情。

刘继元一面生闷气，一面向辽国求救。辽国出兵，主帅骄傲地下马跟宋军玩步战，结果被擅长步战的宋军打得丢盔卸甲，自身难保，只好逃之夭夭。刘继元在得知这件事后，还没有来得及焦急，宋四路大军已一路杀到了太原城下。

宋太宗让四员大将到太原城的四面各就各位，四面同时发起攻击。攻城的宋军骁勇凶悍，太原城上的北汉士兵也不是吃素的，所以，北宋军队攻了很久，太原城虽然被打得遍体鳞伤，可依然

庙堂真相

北汉政权

后汉被郭威灭掉时，后汉开国皇帝刘知己的弟弟刘崇于太原建立政权，是为北汉。这是个贫穷的国家，仰食于辽国，从 951 年建立到 979 年灭亡，始终不能振奋精神，生得"无闻"，死得"无声"。

屹立不倒。正在战事胶着时，攻西面的刘遇找到曹翰，希望换位置。曹翰死活不换，因为刘继元的皇宫就在西面，在这里的守兵肯定特别多，刘遇知道这一点，所以才要跟曹翰换的。宋太宗知道后，就找到曹翰，说：能者多劳，你是名将更是勇将，打西面才能显示你的才华。曹翰什么都不能说，双方于是换了作战场地。

在围困太原城的作战中，涌现出了无数的英雄。比如北宋铁骑军指挥使呼延赞，连续四次登上城墙，连续四次被打了下来。太原城的士兵看到他第五次上去的时候，都不忍心再下手了。一个叫荆嗣的低级武将爬上了城头，脚上中了两箭，手上中了炮石，可仍然用他手中的大刀砍杀敌人。

宋军的顽强，更要命的是不间断的猛攻，让北汉军兵仅有的一点斗志彻底丧失，步兵司令郭万超打开城门投降，宋军进入城中，北汉灭亡。

从宋太祖小股骚扰北汉直到宋太宗进入太原城，哥俩用了十六年时间才灭掉了北汉。大宋就此真正地实现了所谓的南北统一。

向历史借智慧

人生得意须尽欢

大宋初建国，气场强盛，干什么事都顺风顺水，谁挡谁倒霉，就连强大的辽国这时也要让它三分。生活中也会有这种情况，某人或某个企业气场盛的时候，随手在空中甩两下，都能抓回两把钱；可一旦不顺，就诸事不顺，喝口水都能咬着舌头。所以说，“人生得意须尽欢”，买股票也好、开拓新业务也好，都得抓紧，这叫乘胜追击，幸运班车可是过时不候；但气场衰弱时，就得小心谨慎，韬光养晦要紧。

高梁河之战

攻灭北汉让宋太宗变得信心十足，他决定趁热打铁，直取幽州（今北京）。但在众将看来，这个想法很失败。首先，攻灭北汉的将士们正等着封赏呢，但宋太宗居然默不作声。数万大军跑了这么远，粮草将尽，若再去幽州，前途未知。关于粮草，宋太宗命令京东、河北诸州去筹备，自己率领三十万大军直奔幽州，一路上顺利得出奇，像旅游一样来到了幽州城下。

宋太宗很感慨，幽州离开祖国的怀抱已经很多年，汉人被契丹人整得人不像人鬼不像鬼的。宋太宗要解放幽州城里的汉人，于是，三十万大军分成四路，在幽州城的四面各就各位，总攻开始。

冷兵器时代的攻城战不比热兵器时代温和到哪里去。宋军把当时世界上最先进的武器，诸如攻城车、投石机、神臂弓、床子弩，全都用上了。守城的人叫韩德让，是汉族人。他虽然没有见过这么多先进武器，但幽州高而厚的城墙和他的军事才能就是最厉害的武器。宋军攻城的士兵无可奈何，即使最幸运的人爬上城墙，

庙堂真相

赵德昭心理素质太差

979年，宋太宗攻灭北汉扎营时，军中突然发生骚动，众人找不到宋太宗，所以想要推宋太祖的长子赵德昭为帝，但宋太宗很快出现，知道了这件事。高梁河之战回到京城后，赵德昭向宋太宗为攻灭北汉的官兵请赏，宋太宗大怒："等你当了天子，再奖赏也不迟！"赵德昭魂飞魄散，回家自杀了。

很快尸体就被扔了下来。

宋太宗大怒，命令停止进攻，让几百个赤裸上身的大汉站到幽州城下，突然把各种兵器往空中一扔，大汉腾空而起，做出各种花哨动作，在兵器中左躲右闪，煞是好看。这些大汉是宋太宗花费多年的心血才锻造出来的。在攻打太原时，大汉们也表演过，结果把北汉士兵吓得魂飞天外。可幽州城上的士兵不懂这些，他们以为这是宋军在开联欢会，有的士兵也跟着看了一会儿，还鼓掌。

宋太宗震怒，因为别人不理解他的苦心，只好继续硬攻。可韩德让偏不让他得逞。宋太宗一面加紧攻城，一面在四个城门对守军做思想政治工作。想不到，真有收获。幽州都指挥使李扎勒灿（契丹人）投降，打开城门。宋军蜂拥而上，一举攻破外城，进而围困内城。内城的百姓大都是汉人，可他们跟宋朝一点儿关系都没有。然而，流着相同的血的缘故，一些穷苦人和流氓开始在幽州城内制造混乱。可惜的是，进入城中的宋军并不多，后面再也没有士兵跟进。韩德让五内俱焚，他不顾性命地领着近卫军战斗居然把宋军赶出了城。这件事一完，韩德让担心叛徒和乱民会重新出现，于是在城里给百姓做思想政治工作。危难时刻见人

庙堂真相

南院大王和北院大王

石敬瑭把燕云十六州连同那里的汉人送给契丹后，契丹发现汉人很难治。于是建立了两套统治机构、两套办公衙署，即北、南两院。南院大王是专门管理汉人的，使用的治体也是汉人熟悉的，而北院大王则是辽国原有的治体。金庸小说里的那个乞丐头目萧峰是南院大王，因为他了解汉人。而耶律休哥是契丹老贵族，所以只能是北院大王。

心，幽州城内的百姓被韩德让真诚的话语感动了，他们决定坚决抵抗侵略者——大宋。

幽州被围困辽国早已经知道，派出的援军昼夜兼程赶赴幽州。宋太宗久攻幽州不下，心急火燎，又得知幽州援兵将到，更急得如热锅上的蚂蚁。

倘若你见过热锅里的蚂蚁，你就知道，他们只会在锅底团团转，不会换个思路向上爬。宋太宗是一根筋，围城就是围城，把这当成主要目标。他忘记了兵法上的围城打援。

宋军的重骑兵最开始时负责打援，这些精锐部队把前来支援的辽国南院大王耶律斜轸气得要死，死活他也不能前进一步。可一天以后，宋太宗急于想把城攻下来，居然把重骑兵调到幽州城下。他显然忘了，骑兵虽然厉害，但骑的不是天马。所以，实际攻城的时候，这些骑兵派不上用场，只好站在一旁看着、充当拉拉队。大宋的重骑兵虽然撤来攻城了，但那边来援的耶律斜轸还是没法前进半步，被阻得死死的。

很快，北院大王耶律休哥领着他的精锐骑兵来了。来到高粱河后，他看到宋军的步兵方阵正在这里准备打援。耶律休哥多年

野史秘闻

存钱要买燕云十六州

宋太祖赵匡胤曾设立“封桩库”，把平定荆南、湖南、西蜀得到的财富都存在此库中。然后将每年的财政盈余也放进去，准备存到四五百万来向辽赎买后晋石敬瑭割让的燕云十六州。如果契丹不肯，就准备以二十匹绢购一契丹骑兵的脑袋，从而不战而胜。但这个梦想最后却不了了之。

以后在与杨家将的对战中总是被打得屁滚尿流，但这是宋人意淫，绝不可信。耶律休哥有着卓越的军事才能和绝伦的胆气，他一见到宋军步兵方阵，就想到了计策，先是派小股骑兵冲击方阵，再假装失败，奔逃。宋军冲出阵地大追。耶律休哥让精锐骑兵迅速冲击追出来的宋军步兵，先追出来的步兵被围困，在阵地上的步兵又来营救，这正是耶律休哥所要的。骑兵对步兵，优势毋庸置疑。

宋太宗在幽州城下居然听到高粱河宋兵的惨叫声。这惨叫声越来越近，他扭头一看，最让他头痛的契丹骑兵冲杀了过来。幽州城内的韩德让憋了很多天的火气，到现在一起撒出，他大开城门，和契丹骑兵一起夹攻宋军。宋太宗和他的人这时已经没有时间多想，本能地一起溃逃。宋军当时就像是被抽走了胆子一样，无论是骑兵还是步兵，一并溃逃。

到这个时候宋太宗才知道，幽州城的百姓根本就不知道他是谁，所以根本不想被解放。宋太宗不能解放别人，险些也使自己身陷险境。在契丹人的追击下，他找了辆驴车，才算脱险。原本志在收复河山的三十万北宋精锐之师，在宋太宗一根筋似的指挥下，全军覆没。

野史秘闻

小山压大山

辽太祖两儿子争权，长子耶律倍（图欲）争不过，对心腹说：“我把天下让给弟弟，可他和母亲却一再怀疑我！我看我还是学吴泰伯，远走他乡吧！”随后，带着部分眷属随从，泛舟海上，出逃后唐。临走时，留下一块木牌刻诗道：“小山压大山，大山全无力。羞见故乡人，从此投外国。”

高粱河之战是宋朝的转折点，从此，幽州让宋人谈之色变。几年后，宋军再次北伐，连幽州的影都没有碰到就失败了。一百多年后，再次攻打幽州，面对已经被女真人打得奄奄一息的辽国残兵，宋朝依旧被打得狼奔豕突。当时有人说，宋朝士兵最怕的一件事就是打仗，尤其是怕朝廷要他们去解放幽州。

向历史借智慧

心理素质过硬是做大事的第一资本

刚说它运气好，教训马上就来了。大宋的统一战争直到打幽州前，一直都进行得很顺利，但运气再好也不能一根筋：打就打呗，但不能打无准备之仗；打输了就输了呗，但心理素质首先得过硬，不能一输就抱头逃窜，更不能输了从此就得上恐惧症。这次失败正是大宋恐辽症的开始，心理素质不过关，结果害了大宋一辈子。

巧治《推背图》

宋太宗登基不久，开封城里就发生了奇异的事情。有人发布消息说：每当夜幕降临，就会有一顶草帽从空中出现。估计有些像今天说的飞碟，但宋人认为它不是飞碟，而是妖孽。传闻说，阴间有人造反，阎王爷没有那么多兵，所以要草帽鬼上来招兵买马。草帽一旦扣到人的头上，人就会窒息而死。所以，太阳一落，开封城就成了死城，大门紧闭，人人自危，生怕那顶草帽落到自己头上来。政府认定这是造谣，但一时找不到方法来解决。宋太宗出主意说，这一段时间，我们开封府的官员晚上睡觉时都要把大门敞开。

敞开门睡觉竟然也没出事，渐渐地，老百姓也就不相信有什么草帽鬼了。

由此看来，宋太宗是个很善于处理问题的聪明人，下面还有一件事可以证明这一点。

不知什么时候，开封居民喜欢上了一本地下图书，名字叫《推

社会风情

文人最光荣

宋朝重文轻武，做文人光荣，又以状元登第为最。状元一般十年之内可望做到宰相，所以每当有人中了状元，朝廷官员无不艳羡，京师的老百姓更是传颂不已，状元一上街，人人争着看，道路都会堵。有人总结说，一个新科状元的荣耀，就算是大将军打了胜仗、收复疆土也比不上。

背图》，据说这是唐朝李淳风的遗作，上面预测了唐朝和唐以后朝代的兴衰。有人指出，这书实在太神奇了，比如它把唐朝的皇帝画成了一连串的李子，可其中第四个李子没有根茎，在唐高宗时期，很多人都捉摸不透，结果武则天一上台，大家都明白了。更有人说，书里暗示宋朝只有两个皇帝，也就是说，到宋太宗这里，宋朝就要亡国了。

人们喜欢听到这样的消息并开始谣传，百姓认为没有几年太平日子了，于是，哭的、幸灾乐祸的、咒骂的乱成一团。宋太宗知道这件事后，大怒，下旨将《推背图》列为禁书，谁家藏有这本书，坚决予以查抄。另外，对那些故意造谣和故意传谣的人要坚决严惩。

对非法出版物，宋太宗的做法很好。然而，地下图书一旦流传起来，想要在短时间内控制，根本做不到。宋太宗的这个命令等于是在炒作《推背图》，“禁书”两个字就是最大的广告。于是，喜欢猎奇的百姓纷纷购买。

一天上朝，宋太宗问关于禁书的事，有大臣告诉他，“反效果”。宋太宗想了想说：“堵既然不行，那就疏吧。”

名臣风骨

势利眼张洎

张洎没做官时，见张佖官做得大，张洎就不断找机会求见，自称从表侄孙。等张洎也做官，见到张佖，自称表弟。再后来，张洎做到宰相，只拿张佖当下属。南唐亡时，张洎与宰相陈乔相约以死殉国，结果陈乔死了，张洎对后主说：“我还不能死，我要陪陛下去宋朝。”到了宋朝，则常常向后主索要好东西，给少了还不满意。

大臣不明白。

宋太宗解释说："当年大禹治水，没有采取多建堤坝来把水堵住的方针，而是及时、巧妙地引导河水往出海口流，这就是'疏'，效果极佳。关于查禁《推背图》的事情，不妨向大禹治水学习，不必多禁，可以重新出版，让百姓随意购买。只需要在出版的时候，好好编辑一下即可。"

所谓编辑，无非就是删除了其中的很多对大宋不利的内容，又增添一些无关痛痒的内容，重新出版并投放市场，让广大百姓随意购买阅读，并在发行《推背图》的广告中写上："国家新出版的《推背图》才是正版，以前民间流传的《推背图》是伪书。"

百姓纷纷购买新出版的《推背图》，看了之后，觉得也没有什么稀奇的内容，于是，这本书慢慢地淡出了人们的视野，后来再也没有重版。开封城内又恢复了平静，社会也恢复了稳定。

向历史借智慧

用智慧去解决问题是最高境界

人们常说要去北宋过日子，因为北宋虽然在战争中老吃亏，但统治者素质高、国内繁荣，国不强但老百姓生活还行。这样的想法不知道有没有道理，但从宋太宗处理这两起民间舆论的事情来看，应该是八九不离十的。对于谣言，宋太宗一是禁止粗暴执法——把造谣和传谣的都抓回来杀头了事，二是要求政府以身作则，辟谣先从官员做起。遇到问题了，不怨天、不尤人，也不靠蛮力强攻硬堵，而是运用智慧去解决问题，这是做事的最高境界。

太宗杀人

宋太宗和他的哥哥宋太祖一样，都喜欢微服私访。某一天傍晚，宋太宗微服出访到京城的商业街，正在漫步时，突然看到一家店铺门前围了一群人。他挤进人群，看到一个乞丐坐在那家店铺门口，大声叫骂着。

宋太宗向旁边的人问缘由，有人告诉他，这个乞丐今天有点倒霉，走了很多人家，连根毛都没有要到。在这一家，店主不但不给，还骂他乞讨很不敬业，经常强乞。乞丐那廉价的自尊受到了打击，就坐在这里，提醒店主：你不让我活，我也不让你活。

店主当然想好好活，所以对乞丐低三下四，并且给了他钱，希望他能离开。乞丐的廉价自尊不可能那么快就收回，于是，仍然坐在那里大骂。店主回身进了店铺，怒形于色。

正当乞丐骂到店主的第八辈祖宗时，人群里突然冲出一人，人们见到刀光一闪，回过神时，那人已经扬长而去，人们这才见到乞丐的脑袋与身子分了家，地上扔着一把血淋淋的刀。大家喜

庙堂真相

北宋第一衙门开封府

开封府因门朝北开而又称南衙。初建于907年，历经五代的梁、晋、汉、周，以及北宋，始终是一个国家的政治中心。特别是在北宋，亲王如果担任开封府尹（市长），那就是皇帝候选人。宋太宗、宋真宗、宋钦宗都曾担任过开封市市长。还有一些名气极大的臣子，如寇准、包拯、欧阳修、范仲淹、苏轼、司马光等，也曾在这里办公。

欢看热闹，却不喜欢看死人的热闹，于是一哄而散。

第二天，负责京城治安的开封府在向宋太宗汇报工作时提到了这件事，宋太宗当然知道这件事，严令开封府限期追捕。

由于是皇帝亲自过问，开封府的办事效率奇高，不到期限，就把嫌疑人抓获，拷打了几下，嫌疑人变成了犯罪分子，他就是那个店铺的老板。

开封府递交报告说，此人身材魁梧，和目击者提供的证据吻合，而且他也有杀人动机，因为实在不想太多的祖宗受到侮辱，更因为想多赚点钱，愤怒之下，杀掉了乞丐。

宋太宗看完了结案报告，嘱咐开封府，是不是要再核实一下，一个做生意的老板向来都是以和为贵，为了个乞丐就犯罪，值得吗？开封府回答，事实确凿，并且有凶器为证。

宋太宗见到凶器，又问："确定了？"

回答："确定！"

宋太宗说："好！"

然后扭头对小太监说："把我的刀鞘拿来。"

刀鞘拿来，惊人的一幕出现了！那把凶器顺顺当当地被宋太

名臣风骨

谁先动手谁掏钱

宋朝人鞠真卿在润州做官，百姓有打架斗殴的，除治以本罪之外，还附带民事责任：谁先动手就要出钱给另一方。大家都舍不得钱财，也不愿意把钱给对方，所以每天都有争论瞪眼睛的，却没有敢先动手的。

宗插进了自己的刀鞘，严丝合缝。

开封府的人大惊，这真是天造地设的一对啊！

宋太宗阴沉着脸："这个刀鞘就是这把刀的，你们说是谁杀的？"

开封府的人冷汗直流，宋太宗站起来，一甩袖子走了，走之前，留下了一句话："这样办案，不是枉杀无辜吗？"

向历史借智慧

高手是怎样反腐败的

古代法治喜欢用酷刑，所以只需要捉住人，想要什么就能得到什么。明君都不希望有这样的事情发生，所以采用各种手段来遏制酷刑。宋太宗杀人这事儿，可以看作太宗设下的一个套，让法官们往里钻，而太宗自己，心里早有答案，所以很是气定神闲。这样的"反腐败"工作做起来真是太轻松了。就是可惜了那个乞丐，死得有点冤。

杨业之死

公元986年，宋太宗派出曹彬、田重进、潘美三大将率领三路大军北伐辽国。三路大军分路进攻，大将潘美和他的副将杨业一路人马出了雁门关，很轻松地就收复了四个州。

另外两路大军的情况很糟糕，曹彬的东路军因粮草不济进展缓慢，田重进的中路军被辽军击败，几乎全军覆没。宋军败局已定，宋太宗命令大军撤退，但给潘美交代了一个特别任务，就是把收复的四个州的百姓全迁到大宋国境内。那时候种地、建城都要靠人力，人口就是财富啊！

接到命令后，潘美与杨业就带着四个州的百姓撤退到了狼牙村。此时，辽军追得很紧，杨业建议派兵佯打，吸引住辽军主力，然后派精兵埋伏在退路的要道，给辽兵来个伏击战，顺道也掩护了百姓。

监军王侁立即不同意，他说："我们现在有几万精兵，还怕他们？我们就沿着雁门大路，大张旗鼓地走，我看敌人能怎么样？"

名臣风骨

满门忠烈杨家将

杨家将的很多故事都耳熟能详，孟良、焦赞、杨六郎，烧火的丫头杨排风……不过其中有些故事是后人附和上去的，历史记载，杨业的儿子只有老大杨延玉和老二杨延昭，后来杨延昭的儿子杨文广曾在狄青手下屡立战功。辽国萧太后南征时，杨家的众寡妇在杨业夫人佘太君的带领下冲上前线，真不愧是满门忠烈。

王侁是个军事白痴，杨业却还跟他讲道理：“我们的几万兵马与辽军的几十万比起来相差太远，我们这样干一定会失败。”

王侁笑了，看着杨业：“我记得当年杨将军用几百骑兵就把辽军的十几万人马搞得狼奔豕突，辽国人恨你恨得想把你生吞了，还给你起了个绰号叫‘杨无敌’。你今天怎么成了‘杨无底’了？”

杨业有些生气，但还能压住火，他看向主帅潘美，潘美平静如水。在军队中，监军的权力比主帅大，这是大宋最奇怪的规定。杨业不说话，王侁来劲了：“‘杨无敌’是害怕了，还是另有打算？”

这句话就如同跟杀猪的说“你见过猪吗”一样伤人。杨业大怒，但还保持理智。他说：“我并不是怕死，只是现在时机的确不利，如果真要让士兵白白去送死，我愿意打头阵！”

王侁居然鼓掌，潘美依旧平静如水。杨业都这么说了，也没有理由不走。临走前，他老泪纵横，对潘美说：“这个仗肯定要失败。我本来是想找机会多杀些敌人的，可现在，我只好先死。”

潘美很惋惜地看着他。

杨业又指着前面的陈家峪（今山西朔县南）请求潘美：“希望您能在这个谷口两侧，埋伏好步兵和弓弩手。我兵败逃到这里，

庙堂真相

辽国多强势太后

辽太祖去世后，太后述律平当权，看哪个官员不顺眼，就对他说：“为我传话先帝。”然后便将其拉到辽太祖灵前杀掉。因为滥杀大臣，官员的眷属们哭闹不已，述律平厉声对她们说：“我如今是个寡妇，你们如何不该效法我！”

你们带兵接应，两面夹击，或许还可以转败为胜。”

潘美平静如水。

杨业领兵出去没有多远，真就遇到了埋伏，辽军像被踢翻了窝的蚂蚁，从各个角落里蹿出来。有血肉的人不可能是无敌的，杨业带着他的人拼杀了一阵，就挂了彩。他一面抵抗一面把敌人引到了陈家峪。

可陈家峪和当时的黄昏一样，如井水般死寂。杨业知道，这下彻底完蛋了。

潘美的确曾按照杨业的请求在陈家峪埋伏过，可等了一天，没有杨业的任何消息。王侁最先想到的一点是，“杨无敌”把辽兵击退了，“杨无敌”肯定提前跑回去领功了。他催促潘美赶紧回家，于是，他们就回了家。

杨业见潘美放了自己鸽子，又气又恨，但也没有办法，只好回头带着士兵跟辽军玩命。杀到了天色已晚，鸟儿归巢，杨业身边只剩下一百多人。杨业看着他们，想到了自己的儿子，高声对他们说：“你们都有自己的父母、儿子，不要跟我一起死在这里，走一个是一个！”

野史秘闻

杨亿哭穷

宋朝时宫中秘书工资极低，有时甚至难以维持基本生活。宋太宗时，杨亿是公文大手笔，长期从事秘书工作，因为家里穷，他曾经请求去地方上做官，在上表中直言当秘书没前途。当时杨亿可是朝中头号大秘书，生活境况尚且如此，其他人的情况也就可想而知了。

事实证明，上司越是这样说，下属越是不听从。士兵们先是感动地流了几滴泪，然后再跟辽军玩命。最后，这一百多人全都战死，杨业也挂了重彩，他的马又被辽人射倒，当辽人把他从地上拖起来的时候，他连自杀的力气都没有了。

辽国人劝他投降。杨业不可能投降，他留下了自白书："我杨业本来想彻底消灭敌人，报效国家，没想到被奸臣陷害，落得全军覆没。哪还有脸活在世上？"于是，他绝食，三日后离开了人间。

杨业战死的消息传到汴梁，朝廷哗然，都死盯着潘美和王侁这俩人，恨不得上去咬他们一口。宋太宗也觉得杨业死得很可惜，也很能给大宋百姓提气，于是，把潘美降三级，把王侁除名流放金州，大肆表彰杨家的忠烈之风。民间也开始慢慢地流传起了杨家将的故事。

问历史借智慧

要么做领导，要么就做领导的铁哥们儿

杨家将的故事从小就深入我心，但读到这里，还是感叹英雄死得不值，奸臣太多，总是品德坏的人和能力差的人占着好位置，管着你、气死你！杨业无疑很有能力，但首先，他不是这支部队的所有人，再能干也是个打工的；其次，他还不是第一经理人，没有足够的话事权；最后，也许更致命的是，领导不是他的铁哥们儿，甚至还对他心存猜忌，干活时让你去拼命，有事时却不肯罩着你。所以，杨业不得不死。

茶贩子造反

北宋建立的第三十三个年头（公元993年），有两个茶贩子相继造反，历史称之为“王小波、李顺起义”。两人造反，全拜政府所赐。宋太祖灭后蜀后，对后蜀的物质财富垂涎三尺。

于是用各种各样的运输工具，再用蚂蚁搬家的精神，把后蜀的好东西源源不断地运往汴梁城。十几年后，后蜀财富被搬运一空。这本无可厚非，因为宋太祖灭人家就是想得到四川的财富。四川成了宋太祖的银行，但宋太祖只取不存。而在财富向北转移的过程中，又有些混账官员趁机搜刮百姓。在三年时间里，中央来四川的调查组就查出了一百多个贪官。这些人先是搜刮百姓家现成的财富，接着就搞政府专卖，把可以获利的商品全都包揽过来自己卖，茶叶就是其中一项。

王小波是个茶贩子，属于中产阶级。当政府禁止私贩茶叶后，王小波的生活质量就一落千丈。原本，生活质量是相对的，倘若大家都吃树皮，谁也不会叫嚷着不公平。可王小波发现自己生活

名臣风骨

诙谐参政

石熙载诙谐，没个官样儿。让他参知政事，别人劝他：“您现在官做大了，爱说笑话的性子可要改一改。”石熙载拿出任命书装模作样地看了看，说：“这上面只让我以本官参知政事，其他还跟从前一样，没说不让讲笑话呀？”有次从马上掉下来，别人吓得半死，他自己倒没事，还说：“还好我是石参政，若是瓦参政，这还不摔得粉碎呀！”

质量下降的同时，某些人的生活质量却大幅度提高。这些人自然是一些狗官，还有跟在狗官尾巴后面的奸商。

他怒气冲冲，撂挑子不干了，集合了很多和他一样对生活不满的人，对他们提出了革命宣言："贫富差距太大了，我来平均一下！"大家都是这个心思，于是，一支拿着锄头与木棒的军队成立了。在几天时间内，这支军队仿佛具备了蟑螂的繁殖力，迅速发展到数万人。

王小波先是攻占了他所在的县城，然后顺应民意，攻陷了彭山。彭山县令程元振是个以清官面目出现的"圆满"贪官，他常常把搜刮来的和受贿得来的钱财藏在地窖里，然后自己喝粥吃糠。整个世界上，只有他自己相信自己是清官。王小波把他活捉后，剖开他的肚子，从地窖里拿出了万万分之一的钱塞进他的肚子，警告他，下辈子别做狗官。

在警告了程元振后，王小波又进攻战略要地江原，西川武装部部长张圮亲自出马，决定会会这个茶贩子。双方在江原郊区展开激战，杂牌军当然不是正规军的对手，在战斗中，王小波额头被射中一箭，逃跑的时候，又选错了路，很快被守株待兔的张圮

野史秘闻

去了还回来吗

宋朝时，有军巡判官孙良孺，因事要去法场公干，自家没有马，只好去租。租马人问他："您要去哪儿？"孙良孺坦然回答："去法场！"法场，也就是斩首罪犯的地方，租马人心中一咯噔，不放心地问："您去了还回来吗？"

抓住，杀掉了。

王小波一死，他的小舅子，同样是茶贩子的李顺被推到前台。李顺的运气要比王小波好很多，至少开始时是这样。王小波死后的第五个月，李顺以微弱的兵力不可思议地攻进了大宋的南方重镇成都，好运气逼着他自称大蜀王。而后，大蜀王又攻击剑南各州。直到此时，汴梁方面才知道有个卖茶叶的在成都称王，并且攻击国家政府部门。宋太宗震怒，命河州军区总司令王继恩为招安使，前去讨伐。

王继恩势如破竹来到成都城下，李顺的运气彻底用完，他的十几万人被王司令杀掉了三万，活捉了十万，他自己则下落不明。后来四川的“小造反”不断，有人认为这是李顺的幽灵在作怪。王小波和李顺的造反虽然没有撼动大宋政权，但他们提出的“均贫富”的思想让很多想要造反的人眼前一亮，让做皇帝的和奸商眼前一黑。

向历史借智慧

人的斗争都是利益之争

“天下熙熙，皆为利来。天下攘攘，皆为利往。”人之间的冲突也好、斗争也好，说到底都是利益之争。朝廷破了茶贩的饭碗，所以茶贩会心怀不满；官员多贪多占，所以老百姓会心怀不满。同样地，经理扣了你的奖金，你会心怀不满；你抢了同事的业务，同事会心怀不满……所以说，“利”字背后一把刀，在利益面前，一定要三思而行，“不该得的我不要”，提防背后的那把刀。

学习笔记

学习笔记

第二章　和平下的荣耀

太祖、太宗以各自的雄才大略，为北宋一百多年的稳定、繁荣打下了很好的基础。开国初定下的重文轻武的政治基调，既让大宋朝廷免受军人干政的厄运，也促进了大宋的文化繁荣，有影响的文人学士辈出。

公元 997 年，宋太宗的儿子赵恒即位，是为宋真宗。政权交接实现了平稳过渡。这是一个最好的时代，大宋进入和平繁荣的真宗、仁宗时代，有谋士，有武将，有外交家，更有忠臣。

当然，这也是一个暗藏危机的时代，辽国才被安抚，西夏又起，大宋的对外绥靖政策，给自己埋下了一颗随时可能被引燃的炸弹。

吕端大事不糊涂

吕端是从地方知县升到中央做官的，此人在同僚中的口碑并不好。因为他看上去很傻，比如，连皇帝都默许的灰色收入，他居然不要；朋友明摆着坑他，他却接二连三地上当。所以，他刚当上宰相时，有人就看不过去了，向皇帝打小报告，说吕端这个庄稼汉太糊涂了。

宋太宗也不傻，多年以来他一直在观察吕端，就说了一句："吕端小事糊涂，大事不糊涂。"

至少有两件事可以证明宋太宗对吕端的论断。

第一件事是李继迁老娘事件。

宋太宗中后期，一直臣服于宋帝国的西夏诸侯李继迁造反，西部边境从此再无宁日。后来，宋对其进行军事打击，活捉了李继迁的老娘。宋太宗认为，子不教，娘之过，所以准备把李继迁的老娘杀掉。他召见一向果断的大臣寇准，希望他能支持。寇准虽然不热情支持，但也拿不出好办法来。当寇准出来时，恰好被

庙堂真相

楚王赵元佐

赵元佐是宋太宗的长子，983 年，宋太宗为了打破宋朝皇位"兄终弟及"的惯例，对弟弟赵廷美痛下杀手，赵元佐为叔叔说情，惹恼了宋太宗，从此就不待见他。后来，赵廷美死在流放途中，赵元佐则得了精神癫狂病。宋真宗即位后，总想让这位病人恢复，但他无法恢复，在 1027 年去世。可见，在政治斗争中，一味仁慈也是不行的呀。

吕端看见，他上前揪住寇准，问：“是不是有什么大事？”心事都写在脸上了，但寇准仍然摇头：“没有。”

吕端郑重其事地说：“作为宰相，如果是边关上的小事，我可以不知道，但若是军国大事，我必须知道。”

寇准被吕端说得心虚，就把皇上刚才召见自己所谈的事告诉了吕端。吕端问寇准：“上面打算怎么对付那位老太太？”寇准道：“圣上的意思是把她斩首示众，用以威慑那些想要造反或叛逆的乱贼。”吕端摇头：“这根本就不是个好办法。”

第二天，吕端在开会时向宋太宗提出不要斩杀李继迁母亲。宋太宗仍然坚持认为，子不教，娘之过。吕端摆事实：“当初项羽捉到了刘邦的老爹，项羽要刘邦投降，否则就杀掉刘老爹，可刘邦居然耍无赖，对项羽说，当初咱们结拜过，我爹就是你爹。结果搞得项羽没了脾气。”然后他讲道理：“李继迁是个叛贼，一个人但凡有点慈悲，就不会走上犯罪的道路。有人说，做大事的人是没有感情的。您今天杀他老娘，难道明天就能捉住李继迁本人吗？如果不能的话，岂不是结下更大的冤仇了，他的反抗意志会更加坚定。”

野史秘闻

人各有志

宋真宗即位后，遍访天下隐士，得到杞人杨朴，想请他出来做官。宋真宗问：“有没有人写诗送给你？”杨朴说：“臣的妻子送了一首诗，诗云：更休落魄耽杯酒，再莫猖狂爱作诗。今日捉将官里去，这回断送老头皮。”宋真宗听后大笑不已，没有勉强杨朴留下来。

宋太宗如梦方醒，连连点头。但是，俘虏该如何处置呢？吕端处置俘虏的方式很简单：“可以把她放到延州（今陕西延安）那个地方去，给她吃好喝好，以此招徕李继迁悬崖勒马，不再造反。这样的话，虽说李继迁不可能马上就降宋，但是，我们终究可以用他母亲在宋来拴住他的心。而我们仍然是他母亲的上帝，上帝要她生，她不能死，上帝要她死，她就不能生。”

宋太宗心潮澎湃，居然有考虑这样周全的人，而且还是他忠心耿耿的手下。

很快，宋太宗采纳了吕端的意见，将李继迁的母亲放在延州，并派专人侍奉吃喝，直到她病死延州。后来李继迁战死沙场，李继迁的儿子德明是个有心人，念在大宋对他奶奶的情分上，宣布归顺宋朝。正是吕端的不糊涂创造了这样的和平。

还有一件事更能证明吕端大事不糊涂。这就是在拥立太子赵恒（后来的宋真宗）继位的问题上。

赵恒被立为太子时，朝中就出现了拥护派与反对派。吕端自然是拥护派。996 年年末，宋太宗病情加重，特召吕端，告诫他，如果自己有不测，要他好好帮赵恒即位。吕端担子很重，因为反

社会风情

寡妇也抢手

宋明理学占据统治地位之前，社会风气很开明。宋初宰相薛居正的儿媳柴氏，做了寡妇，柴氏想带着大批财货改嫁，两位高级官员向敏中和张齐贤争着要娶她，结果张齐贤得逞。向敏中心有不甘，唆使薛居正的孙子把家产典当给他，柴氏一怒之下向皇帝告御状，向敏中因此丢了官。

对派的领导人是内侍王继恩，由于与皇上的距离近，所以一旦有变，他最先可以上下其手。至道三年（997年）农历三月的一天，吕端进宫询问宋太宗的病情，突然发现赵恒不在父亲身边。吕端紧张起来，就在上朝使用的小木板上写了一个“渐”字，叫亲信迅速带给赵恒，让他赶紧进宫服侍父亲。几天后，宋太宗驾崩，王继恩和皇后一合计，准备拥立楚王赵元佐为皇帝，皇后派王继恩去叫吕端来，计划逼着吕端同意立楚王为君。吕端对王继恩的阴谋早就心知肚明，当他在家中接到王继恩亲自带来的通知，走之前，他就玩了把阴的，把王继恩骗进一所房间，锁了起来。王继恩在里面大骂，吕端假装听不到，奔向了皇宫。一见到皇后，皇后就要求他立楚王当皇帝，吕端非常气愤地说：“先帝早就明确了太子，我们怎么能不听他的话呢？”皇后一看也不见王继恩，一时也没了主意。吕端趁热打铁，火速找来太子赵恒，并召集百官，当下宣布新皇即位。

赵恒第一次登殿时，是垂帘接见群臣。当吕端率众臣前来殿中朝见时，看到有个帘子，吕端的心一提，他没拜。宰相不拜，百官自然不会拜。吕端不但不拜，而且还走上前，把帘子掀起，

名臣风骨

太平宰相、富贵词人

晏殊五岁有神童之称，十四岁被推荐参加殿试，深得宋真宗赏识，后来官至宰相。他少年得志，加上宋初朝政安定，一生顺风顺水，人称太平宰相。晏殊也是宋词史上的重要人物，其词雍容华贵，后世称之富贵词人。名句有“满目山河空念远，落花风雨更伤春，不如怜取眼前人”，“无可奈何花落去，似曾相识燕归来”。

看到坐在椅子上的的确是赵恒，这才走下来，领群臣跪拜，大呼万岁。

赵恒即位后，对有拥立之功的吕端非常照顾，每次接见朝中大臣，都对吕端肃然拱揖，不直呼其名。吕端是个大胖子，宫廷台阶稍高一点的，真宗都特别关照人扶他上去。但吕端从来不居功自傲，这恐怕也是他“大事不糊涂”的一个表现吧。

向历史借智慧

小事要装糊涂

吕端之所以能成为一代宰相，就是因为他对于大事、原则性的问题，头脑清醒，毫不含糊，弄得清清楚楚；对那些无原则的不中听的话、看不惯的事，装作没听见、没看见，甚至听而不闻，视而不见，装糊涂。所以说，小事要糊涂，就算不糊涂也要装糊涂，这不是傻，而是一种处世方略。每个人每天总会多多少少地遇见一些事，要是都斤斤计较，那不但弄得自己不快乐，也浪费了很多的精力。学会对小事装糊涂，不但会心情舒畅，还能专心致志做大事。

“世故佬”李沆

宋真宗前期的宰相李沆被后人追认为“圣相”，可从他的传记来看，“圣”字有些高估了他。不过，他的确是个世故高手，能在平淡中看到真理，尤为可贵的是，他敢于维护真理。

在政治上，李沆是个“世故佬”。宋真宗曾向他请教如何治理国家，李沆只说了一条：“不任用浅薄、好大喜功的人。”有一回，宋真宗叹息说唐朝人结党营私难以制约，最后导致王室衰弱，归根结底是因为不辨忠奸。李沆送给他一个小窍门：“奸佞的言语似乎很忠心、很温和，并且大言不惭。”

李沆每次给宋真宗解答疑难时，都毫无表情，正义凛然，这让宋真宗既钦佩他又惧怕他。有一次，宋真宗对李沆说：“别人都有密奏，只有你没有。你难道没有什么秘密可以向我汇报吗？”李沆正色道：“我身为宰相，公事公办，密奏不是多此一举？那些喜欢密奏的人，不是进谗言的就是奸佞小人，我恨不得与他们同归于尽，怎么会效仿他们？”宋真宗沉默不语。

庙堂真相

大家都是宰相

唐宋时代，宰相比较多，同一时期经常有三四人为相，当然，权力最大的是第一宰相，但其他宰相的权力也不可小视，这正是古时代的政治权衡之术。李沆、王旦、寇准、丁谓、王钦若等，都曾做过宋真宗时期的宰相，各有特点：李沆料事如神，王旦老成，寇准果断、强势但不容人，丁谓擅长理财，王钦若爱居功、耍手段。

如果这是旁敲侧击，那下面这件事就是当面顶撞了。宋真宗特别喜欢一个妃子，想要给她升到贵妃的位置上，在一个晚上，他派使者拿着手谕去见李沆，打算册立这个女子为贵妃。李沆看了手谕，当着使者的面烧掉了，并告诉使者说："就说我李沆认为这样做不可。"然后继续看书。宋真宗受到了这样的打击，居然不好发作。又有一次，驸马都尉石保吉向真宗请求担任使相，宋真宗又问李沆的意见，李沆说："赏赐、加封一个人，是要有理由的。就因为驸马是亲戚，又没有打仗的功劳，就封他为大官，恐怕会难以服众吧。"后来真宗为此事又找了几次李沆，李沆还是那几句话。石保吉最终也没能如愿。

人人都喜欢安逸的生活，但李沆有不同的看法。他的同僚王旦因为西北地区总有流血冲突，所以感叹："我们什么时候可以坐享太平，天天没事干呢？"李沆告诫他不要异想天开，和平这种事比神仙还虚幻，和平只能维持到第二年。王旦不以为然。后来，契丹希望宋朝和亲，王旦问李沆。李沆说："好倒是好，但如果边境上的隐患消除了，就怕皇上渐渐地因逸生奢，从此不好好做事了。"王旦撇了撇嘴，认为李沆杞人忧天。

庙堂真相

皇帝也低调

宋真宗想立刘娥为皇后，但刘氏出身低贱，大臣们反对的声音很高。为了减少阻力，宋真宗费尽心机，他先后给宗室以及内外官员升官赐赏，稍后，册立的礼仪也是一概从简：不让地方官恭贺，不搞封后典礼。封后的诏书回避朝臣公议，只下令传至中书省，自己家里宣布一下就完事。刘娥，就是后来的刘太后，历史上最有名的权力女人之一。

李沆不属于典型的中国人，他习惯报忧不报喜。所以，宋真宗每天都感觉他管理的天下处在洪荒时代和刁民聚集地。后来，王旦不能容忍李沆每天都报告灾情，他说：“皇上也是人，您就不能让他有点消停日子过吗？”李沆放下灾情报告，一本正经地说：“皇上还年轻，我们应当让他知道治理国家的艰难。如果让他知道治理国家跟玩儿一样，他血气向上冒，就要折腾，一折腾，遭殃的就是我们。”王旦仍然撇嘴，可李沆死后，辽宋议和，宋真宗真搞起了各种各样的形象工程——封禅泰山、祭祀汾水，吃力地营造宫殿，研究一些旁门左道，精力充沛，花钱如流水。

王旦看着苍天感叹说：“李文靖（李沆）真是圣人啊。”

李沆的世故还表现在识人上，他对别人说到王旦：“王旦这个人将来肯定会把皇帝教育好，但一旦遇到封禅这样的稀奇古怪事，他就无能为力了。”（参见“澶渊之盟”故事）

当时寇准和丁谓关系很好，并多次向李沆推荐丁谓，但李沆就是不用丁谓。寇准气急败坏地质问他，李沆说：“丁谓这小子虽然有才华，但非善类，不能用。”寇准还仗义地回击：“像丁谓这种人，您能始终都压制他在低位吗？”李沆笑了：“如果你

庙堂真相

皇帝钓鱼故事

宋真宗喜好钓鱼，某日钓鱼，鱼儿就是不上钩，宋真宗有点尴尬，丁谓一见，马上吟出妙句：“莺惊凤辇穿花去，鱼畏龙颜上钩迟。”宋真宗立时转怒为喜。

宋仁宗跟大臣们一起钓鱼，有个叫彭乘的是钓鱼高手，一下饵鱼钩就在动，彭乘刚要扯，同事给他使个眼色，皇帝都还没钓上来呢，急啥急。彭乘懂了，甩了甩，等宋仁宗开张了才起钓。

以后后悔了，就会想起今天我对你说的话。”寇准后来遭到丁谓的陷害。在夜深人静的晚上，寇准总会想起在天堂的李沆。

这就是“世故佬”李沆的故事，也许，“圣”字本身就是世故，所以才有人称他为“圣相”。

向历史借智慧

世事洞明是真学问

对于王旦和丁谓二人，李沆是真的有预知未来的能力吗？那倒不是。尽管世界复杂、人生难料，但只要一个人识见高、洞察人情世故，很多难料的事也是可以在未发生前，就察觉到一些蛛丝马迹的。因此，老话讲要“读书明理”，一个人一生中要不断地学习，学习的目的之一就是洞明世事，这才是真学问。

“澶渊之盟”

景德元年（1004 年）闰九月，年过半百的辽国萧太后领兵二十万南下攻宋，势如破竹，来到澶州（今河南濮阳）城下。过了澶州，就是大宋的都城开封。

刚上任不到半年的宰相寇准，竟然把前线的数封告急文书扣了下来，当宋真宗知道时，文书已经摞到一人多高。宋真宗心惊胆战地看着这些告急文书和一脸平静的寇准，问他该怎么办。

寇准居然问宋真宗：“您是想尽快解决此事，还是想慢慢来？”宋真宗当然是想尽快解决。寇准说：“陛下要退辽兵，只需要五天时间。”宋真宗认为这好比登天。寇准说：“只需要您御驾亲征。”

宋真宗听了，立即魂飞天外。

第二天，仍然心有余悸的宋真宗召集群臣开会，讨论要不要御驾亲征的问题。很多大臣都反对皇帝亲临险境，甚至有人还提出迁都南方。参知政事江苏人王钦若主张迁都金陵；知枢密院事陈尧叟是四川人，主张迁都成都。

名臣风骨

因为年轻就耽搁了当宰相

寇准十九岁就中了进士，少年得志，到三十多岁时已经是资深官员，在很多重要位置上都待过了，太宗本想提拔他当宰相，但又觉得他太年轻，服不了众，这就给耽搁了几年。寇准知道后，找来一个偏方天天吃，竟然真吃出成绩来了：须发皆白。1004 年，他四十三岁，终于拜相。

寇准自然大怒，当着王钦若、陈尧叟的面对宋真宗说：“谁为陛下出这样的主意，谁就该杀。”又说：“只要皇帝亲征，士气自然大振，文武大臣协作团结一致，辽军自可退去。”

寇准不是一个人在战斗，分量很重的宰相毕士安和武将高琼都是这一论调的支持者。宋真宗虽然很不情愿，可形势如此，只好同意亲征。

宋真宗的亲征如同大姑娘出嫁，羞怯得很。在寇准等人的极力逼迫下，真宗皇帝才挪动屁股去澶州城。澶州城被黄河分成南北二城。宋真宗的车驾到达澶州时，辽国大军已经抵达北城附近，宋真宗遥遥望见黄河对岸烟尘滚滚，心中胆怯，不敢过河，央求寇准让他待在安全系数较高的南城。寇准认为，澶州北城的将士正在浴血奋战，皇帝亲临会极大地鼓舞士气。宋真宗沉默不语，因为他怕死，又理亏，自然不敢说话。

寇准又找到高琼一起来见宋真宗。宋真宗的脑袋都大了。高琼对宋真宗说：“有全军将士在，您怕什么呢，而且，已经到了这里，总不差这一步了呀。”

宋真宗依旧沉默，他确实不想去。高琼当机立断，命令兵士

庙堂真相

终南捷径

终南捷径的发明者是唐人卢藏用，他告诉天下人，自己在长安城附近的终南山隐居。唐政府派人把这个志趣高洁的人请出来做官。很多人因没有发明这种求仕模式而抱憾哭泣。1002 年，卢藏用的门下走狗种放同样被宋真宗请到京城做官。种放不如祖师爷，他“隐居”了足有三十年。

把宋真宗的车驾转向北城行进。到了黄河渡河口的浮桥处，宋真宗又命令停下来。但是已经晚了，高琼用铁锤击打宋真宗御车的辇夫的背，就这样，宋真宗被一群“受刑”的人抬着过了黄河。

魂不附体的宋真宗被人扶着出现在澶州城上，没有人看到他颤抖的样子，他们只看到皇帝亲临，这比得了金山还令人激动。一时之间，城上城下的宋军与百姓山呼万岁，震天动地。宋军因而气势倍增。

还未等欢呼万岁声消失，宋真宗已经坐上龙辇，风一般地跑回了南城。他的心突突地跳了很久。回到南城后，宋真宗寝食难安，常常派人跑到北城去打探寇准在干吗。当密探告诉他，寇准每天都在城上与大将喝酒时，他才有些放心。

不久后，宋真宗离开澶州。宋将张环用威力惊人的床子弩射杀了辽军先锋萧挞览，极大地动摇了辽军军心。另外，辽军孤军深入中原腹地已久，供给线长，粮草因而不足，加上辽军先锋萧挞览被射死对士气影响极大，萧太后只好暂缓攻城。

这时，大宋的使节曹利用登场了。

实际上，宋真宗来到澶州时，曹利用就已经登场。只是因为

名臣风骨

又为中原争得一状元

寇准是今陕西人，不喜欢南方人，他主持科考的时候，第一名本来是南方考生，寇准不满，特地把第二名的北方考生提为第一，并自豪地说，又为中原争得了一个状元！

双方在交战，曹利用没有机会去谈判而已。曹利用的到来让萧太后有了台阶下，双方开始谈判。仿佛命运注定一样，大宋要议和。

寇准反对议和，但宋真宗这次是王八吃秤砣——铁了心要议和。他对曹利用说："只要不割地，一百万（银绢）以内都可以。"

曹利用在去谈判前，被寇准揪住，警告他："虽然有圣上的旨意，但你去交涉，答应所给银绢不得超过三十万。否则，我就要了你的脑袋！"

曹利用自然是个谈判高手，辽国又不想耗下去，所以曹利用真的以三十万银绢谈成。回来的时候，宋真宗询问结果，曹利用伸出三个指头。宋真宗大惊失色，以为是三百万，说："太多了！"但立即恢复平静，还略带兴奋："三百万就三百万吧。"曹利用把真实结果告诉了他，宋真宗心花怒放，比消灭敌国、胜利还朝还要开心。

此次双方订立的就是历史上著名的"澶渊之盟"。"澶渊之盟"以后，辽、宋长期保持友好往来，一直到北宋背盟，与金联合灭辽，这份条约才失效。

向历史借智慧

直面问题才可能真正解决问题

北宋是个阔财主，解决争端的办法就是"花钱消灾"，初时这还行得通，到后来自己家也穷下来，钱的问题就很让人头痛了。北宋后来的皇帝都是这种软弱的德行，遇到红灯绕道走，从来下不了决心去面对困难、解决困难。一个国家是这样，一个人也是这样，如果在生活中遇到难题了，总是不敢面对，心里发憷，以为闭着眼不去看问题就会消失。其实，问题始终还在那里，越压越久、越积越重，最后就成了一块心病。

“天书事件”

“澶渊之盟”订立三年后，宋真宗还没有从阴影里摆脱出来。

宠臣王钦若对他说：“您如果真想雪澶渊之耻，我倒是有个方法。”

宋真宗眼前一亮，就让他说来听听。王钦若就说了：“陛下可下令，让重兵再进幽蓟，踏平燕云之地，前耻就得雪！”

这个主意等于没有出。众所周知，宋真宗当初就是不想扩大战争，所以才订下“澶渊之盟”的。所以，他摇头：“天下百姓才太平了三年，我怎么忍心让他们劳苦呢？”

王钦若立即转变思路：“皇上的仁爱之心，可以打动苍天啊，这真是宋辽两国人民之福。如果不用战争的法子以雪前耻，当然会有别的办法以光陛下仁爱，扬我大宋神威！”

宋真宗急忙求教。王钦若给了四个字：封禅泰山。

宋真宗当然很高兴，可随即就有了忧虑。他说：“封禅泰山，当然是不世功业，可据古籍记载，封禅之帝，都得是天降祥瑞，

庙堂真相

真宗皇帝好读书

北宋的皇帝都喜欢读书，宋真宗和群臣闲聊《庄子·秋水》时，突然叫“秋水”，大臣们正发蒙时，一绿衣小女童从帘后走出，背诵《秋水》，从头至尾，无一差错，众臣无不震惊。

而后行封禅之事。而我朝，现在虽也是五谷丰登，国泰民安，但并无特别之天瑞以应之。”

王钦若一语道破古代帝王们的造假手段：“陛下太实在了！河图、洛书那些东西，您真以为是神仙所为？那不过是圣人教化民众的一种方法而已。所以我以为，历代封禅所谓的天瑞，多人力为之。”

宋真宗先是高兴，马上又忧虑：“万一这件事左相王旦不同意怎么办？”他的意思是说，王旦这个人比较耿直，不会弄虚作假。王旦是大宋的名相，宋朝的历代皇帝对丞相都相当尊重，所以如果丞相王旦不同意，那么，这个造假计划就无法实施。

王钦若却不这样认为：“这是有利于我大宋的好事啊，我去和王相沟通一下，王相会理解的。”二人就这样定下来，由王钦若去找王旦讲道理。

找到王旦后，王钦若直奔主题，说皇帝要去泰山封禅。王旦果然就反对。他说，不能为此虚名而劳民伤财。王钦若险些就要骂他，先不说这是不是虚名的问题，单就劳民伤财而言，王旦就是在夸大其词。事实上，以大宋的经济实力，去下泰山根本对国

庙堂真相

泰山封禅

封禅，说白了，就是在山顶祭拜天神，再下山祭拜地神。这是最重要的文化形象工程，自觉有点成就的皇帝都喜欢搞一搞，因为泰山是黄河下游最高的山，而且“泰”和“大”意思相同。从秦始皇开始到宋真宗时期，已有十位皇帝鬼扯过泰山封禅。最着迷的是汉武帝，他在位期间七次封禅，创下了纪录。

家毫无妨碍。

王钦若把王旦的态度传达给了宋真宗，真宗皇帝决定亲自找王旦。一日，他请王旦吃饭，吃完后，就拿出来一坛酒，对王旦说："朕有好酒一坛，爱卿回家与妻儿老小一起喝吧！"

王旦就捧着坛子回家了，回到家立即打开，他还以为真是酒，一看之下，目瞪口呆，里面居然是满满的一坛子珍珠。王旦睁着眼睛看了半天，才知道自己受了皇帝的贿赂。

皇帝对臣子行贿，真宗皇帝这种做法可能是前无古人。王旦把这件事思来想去，最终被真宗的诚意与仁心打动了。试想，皇帝乃天下之主，他想要做什么事，即使你反对，他也能去做。王旦觉得这是皇帝给自己的面子，人不能给脸不要脸。这件事过后，他与王钦若一起开始安排真宗皇帝的封禅事宜。虽然在谋划过程中，他很少说话，但不反对是肯定的了。

第二年的大年初五，宋真宗突然下令召集众大臣，于崇文殿开御前会议。大臣们都到齐后，宋真宗装出很激动的样子说："朕之所以请大家来，是因本朝发生了一奇异之事。景德四年十一月二十七日晚，朕方就寝，似睡非睡之间，突然寝室内一片大光明。

名臣风骨

宰相干不好州官活

太宗、真宗时的宰相张齐贤，曾经以吏部尚书身份在青州做长官六年，颇有政绩，老百姓都说他的好话，但是也有人造谣言，说他当官不干活，政事松弛，因此朝廷把他召回。张齐贤感叹："我一向做宰相，好在没有什么大过错，如今做一州官，反而被人告了。这真是在御厨房管事三十年，临老了连个粥都煮不好呀！"

在这光明之中，出现一神人，神人穿一绛紫色长袍，他对我说，速于正殿建黄道场，来年一月，上天会降天书《大中祥符》三篇。切记切记，勿泄天机！”

大臣们十分惊愕。宋真宗接着说：“朕惊而起，神人忽然不见！朕当即令内庭于正殿修道场、作法事，至今一月有余。今晨皇城司上奏，承天门屋南角，发现一黄色包裹，朕思之，应该就是神仙所说的天书吧？”

两个“托儿”王旦与王钦若立即向前下拜说：“这必是天书无疑，陛下仁孝及于上天，如今也不打仗了，老百姓年年收成好，要吃穿有吃穿，要娱乐有娱乐，所以老天降下天书来表扬皇上做得好哇。”

众大臣一见王旦都这样说，没有别的办法，只能下拜，高呼万岁。然后就有人说，这可是历朝历代未有之奇事；也有人说天书之说，只是在古籍里传闻，今却独现于我朝，此当今皇帝盛德感动上天，等等。大家开始互相道贺，更向真宗皇帝道贺。真宗皇帝微微而笑。

王旦这个时候突然大声说：“陛下，臣以为天书启封之际，

社会风情

真宗爱祥瑞

宋朝崇奉道教，很多皇帝都是道教的忠实粉丝。宋真宗也喜欢结交道士和崇信所谓祥瑞，上有所好，下必甚焉，于是瑞芝、仙草一类的宝贝，如潮水般向他涌来，光是大臣王钦若一次就进献过八千株之多。

宜屏左右！”王宰相这么说，不知是否觉得这个谣言造得有点过头，还是想再勾引下大臣们的兴趣？

宋真宗摇摇头，扫视了一下群臣，说：“天书里说了什么，无人知道，如果上天真的想告诉我什么，就应该和诸位共勉。怎么可以不出示给众位看呢？”

说完，他就领着众人到了承天门。真巧，承天门南角兽吻上真的挂了一个黄色包裹。隐隐约约地能看到上面写了许多字。宋真宗断定这就是天书，先带领群臣向天书下拜，然后让人小心翼翼地把天书从屋顶上请下来，令大臣当众宣读，天书名即为神人告示的《大中祥符》。里面的文字说：赵家天下可以传七百世。

次日，群臣入贺，宋真宗在崇文殿请大家吃饭；同时改用新年号；最后，令吏部尚书张齐贤等，把神人降天书事件奉告天地、宗庙，及京城各大寺院。

仅半个月后，全大宋的臣民都知道了“天书事件”。

山东兖州的吕良等一千二百八十七人上书，要求皇帝封禅泰山。这些人为什么积极？因为泰山在兖州境内，如果皇帝真的到了他们那里，肯定有不少好处。宋真宗虽然亲自接见了这些人，

庙堂真相

辛辛苦苦为哪般

宰相宋郊和龙图阁学士宋祁是兄弟俩，上元节，宋郊在家读书，宋祁则点着花灯，夜宴作乐。宋郊批评弟弟：“你这样穷奢极欲，是否还记得以前读书时，半夜里我们一起就腌菜吃冷粥的日子？”弟弟回答：“以前就腌菜吃冷粥，为的是什么？”——正是为了富贵后过好日子呀。

但还是要摆摆架子："封禅大事，历代帝王都不敢轻言封禅，你们的忠心我知道了，但这件事以后再说。"

这些人立即就说："国家受天命五十年，已至太平；今天降祥瑞，应有皇帝告成于泰山，上可以报天地，下可以应民心。"

宋真宗还很"害羞"："此大事，不可轻行！"

这些人被打发走以后，以兖州为主，山东其他诸路进士八百四十多人，主动跑到皇宫前门上请愿书，恳请皇帝封禅泰山。

整个大宋天下，无人不谈"天书事件"，整个山东无人不希望皇帝来泰山封禅。王旦这个时候必须出马了，身为政府首脑，如果他还不说话，那可就太对不起那一坛子珍珠了。他率文武百官、诸军将校，及各路地方官，还有在野的和尚、道士、尼姑，三教九流之人，共计二万四千余人，以大游行的方式，跑到皇宫前门，恳请皇帝封禅。宋真宗依旧拒绝，一个劲儿地谦虚，说自己不配。

戏当然还得演下去。这些人就继续劝：您配！您想，如果没有您和前两代皇帝精心理政，哪有现在的大宋？我们万众一心要求皇帝陛下封禅于泰山，就是想让您通过泰山告诉上天，我们很好，我们大宋是繁荣昌盛的。

社会风情

贱民不得为官

古代倡优不能参加科考，倡优在古代称为"以音乐歌舞或杂技戏谑娱人的艺人"，属贱民，只要当了艺人就永远别想参与科举，也别想做官。

宋代酒家门外都挂红灯笼，如果有的酒家有妓女，那就在红灯笼上罩一斗笠，这其实就是个标记，为"妓女"做的广告。

如同事先排练好的一样，宋真宗连续拒绝了五次王旦的请求，最后还是答应了。这年的十月，真宗皇帝踏上了泰山之旅，“天书事件”画上了圆满的句号。

向历史借智慧

该圆滑时还得圆滑

孔子说，“直而无礼则绞”，意思就是，一个人如果一味地心直口快，而不知“礼法”的话，就容易伤害别人。总之，孔夫子也认为，一个人太正直了也未必就是一件可赞美的事情。王旦做宰相，名声不错，人品也很好，可他不但没有反对封禅这事，还亲自领头来张罗作假，原因不在于那坛子珍珠，而在于，真宗作为大老板，既摆出这么一副求人的低姿态了，再不给他面子，恐怕日后大家都不好过。封禅泰山无非是花点钱，还不至于伤天害理，那就圆滑一回吧。

“鹤相”丁谓

宋真宗朝代的宰相丁谓有个绰号，叫作“鹤相”。这么叫他，并不是说他喜欢养鹤，而是他独具异能，常能见到仙鹤。因有这样的特异功能，所以他被宋真宗特意任命为“玉清昭应使”。官职越多，异能越强。每当宋真宗搞大型典礼时，丁谓都能见到仙鹤在房子里飞来飞去，跳着舞。因为别人看不到，所以丁谓每次都把这样的事情记下来。“天书事件”发生时，丁谓就经常能看到仙鹤从天空飞过，让十分想见仙鹤的人嫉妒得要死。当时寇准在陕西做官，一日和同事在山亭上，见有乌鸦几十只飞鸣而过，就笑对同事说：“如果丁谓看见，一定当成是黑鹤了。”

当初，寇准是正宰相，丁谓是副相。有一次，宰相会餐。寇老爷子长须飘飘，不小心就飘到热汤里边去了。丁谓正好在旁边，赶紧帮寇准把胡须拖出来，并亲手用丝绢把胡须揩干净，最后自上而下捋了一把，觉得没有汤水了才放心。

寇准平日就有点看不起他，便随口说了一句：“副宰相是国

社会风情

“溜须”典故出自丁谓

丁谓为长官寇准揩拭沾了汤汁的胡须，“溜须拍马”之“溜须”典故即出自此。丁谓为长官溜须，属下则为丁谓溜须。官员柳三复听说丁谓爱踢球，便天天在丁府外晃荡，幻想着丁谓把球踢出来，自己再踢进去邀功。果然不久机会来了，柳三复趁势把足球和自己一起送到了丁谓面前，成功得到了丁谓的赏识。

家的大臣，难道你的工作就是为上司擦胡子吗？”说得丁谓脸上一阵红一阵白，又羞又恼。自此以后，他便恨上了寇准。

不久，一向与寇准不和、奸邪狡诈的王钦若首先发难，对宋真宗说当初寇准主持订立的“澶渊之盟”是城下之盟，是国家的耻辱。丁谓立即在旁边煽风点火，就这样，寇准被罢去宰相职务，到地方上做官。

不过，丁谓虽然跟寇准过不去，但做人也有厚道的时候。有一次他觐见真宗，正逢真宗对一个大臣很不满，在丁谓面前说了那个大臣很多的坏话，还问丁谓对那家伙印象怎样。不过，过了半天，他发现丁谓一句话都没说，很奇怪，他问丁谓：“你哑巴了，怎么不说话？”丁谓回答：“君威雷霆，我只要随便加上一条坏处，那个大臣可能立刻就没命了，所以，我不敢干这种草菅人命的事情。”

宋真宗听完，发现自己的确有些反应过度，再加上发泄一通之后，心情也畅快了很多，就不那么生气了。这么看来，“鹤相”似乎也不是那种浑身上下每个毛孔都渗透着邪恶的人。

当然，宋真宗也不是昏聩的皇帝，不可能只是因为丁谓能看

庙堂真相

真宗“五鬼”

宋真宗时期有“五鬼”，他们是丁谓、王钦若、林特、陈彭年、刘承规。“五鬼”到底怎么鬼，历史有证据。五人都积极参与了“天书事件”，都善于揣摩宋真宗的心事。但五人也各有才学，其中陈彭年主编的字典《广韵》，直到清代还是指定的教辅书；太监刘承规是理财能手，其主编的史学书籍《册府元龟》是北宋四大部书之一；林特编写的《会计录》是中国财务领域的开山之作，堪称会计学的祖师爷。

到仙鹤就让他做宰相。丁谓还是很有管理才能的，特别是在工程方面，异能突出。最有名的就是“一举三得”的故事了。一次宫中失火，亭台楼榭被烧得干干净净。宋真宗让丁谓负责重建。他需要解决的问题有：夯实基础；修筑宫墙的泥土缺乏，得从外边把建造宫殿楼台的木材、石材以及大量的水运进来。丁谓因此想了一个办法，先挖一条大沟，沟通城外的运河，这样，泥土和水都有了，而外边的材料也可以从运河源源不断地运进来。到最后，把工程剩下来的垃圾填到沟里，恢复原来的街道。这样，他不仅完满解决了问题，还节省了很多费用，正是“一举三得”。

真宗很高兴，正好自己封禅需要修筑一些坛、台之类的，便任命丁谓为三司使，综合负责国家的财政、赋税和开支，这相当于国家的财政总长和工程部部长，后来又升他为宰相。由此看来，人才与品德有时候不是一回事。所以孔老夫子当年才大叫着“君子不以人废言”，“鹤相”丁谓正是这句话的注解。

向历史借智慧

打人不打脸

有句话说，“伸手不打笑脸人”，又说，“打人不打脸”。前一句是说：人家是好人也好，有事相求也罢，既然人家带着一副笑脸来了，向你表示善意，你就不要恶言恶语揭穿对方。后一句是说：你对谁有意见也好，相互是对手也罢，在平常情况下，还是要给人留点面子，不要做得太绝。丁谓帮领导擦胡子，这溜须拍马搞得是太肉麻了，但寇准直溜溜地说出来，且攻击人家的工作能力，话就说得忒狠了点，也难怪人家要报复他。

刘太后执政

宋真宗驾崩后，朝政全都掌控在他的老婆刘太后手中。她是宋朝第一位执政的皇太后，政绩可圈可点，但麻烦也接连不断。

不过，她的麻烦早已有之。她原本是穷人的老婆，丈夫养活不了她，所以把她卖进了襄王府，襄王就是后来的宋真宗。宋真宗一见这位四川妹子，就深深地爱上了她。后来，真宗皇帝立她为皇后的时候，大臣都反对，倒不是因为她是“二婚”，而是嫌她出身低贱。真宗力排众议立她为后。刘皇后也的确争气，凭借政治才干受到真宗的欣赏和感激。真宗去世前立下遗诏，命尊皇后刘氏为皇太后，军国重事，权取处分。

垂帘之初，刘太后利用“鹤相”丁谓，把不听话的宰相寇准与李迪贬出朝廷，然后又全身心地对付丁谓。不久，丁谓负责建造的真宗皇帝的坟墓发生漏水事件，刘太后暗示大臣弹劾丁谓，大臣们趋之若鹜，于是丁谓被贬到了崖州。刘太后这才大权在握，欲要效仿武则天。

名臣风骨

“鱼头参政”鲁宗道

鲁宗道刚正不阿，被称为“鱼头参政”：“鲁”为鱼字头，又指其性格骨鲠如鱼头。富豪陈某打死了一个工人，被悬赏缉拿，不久他家走通刘太后的关系，通缉令因此取消。鲁宗道找到刘太后说：“尽管陈某家是富豪，也不应该如此包庇。”刘太后大怒：“你怎么知道他是富豪？”鲁宗道说：“如果他家没有钱，怎么能把宫中的关节打通？”刘太后哑口无言，只好继续通缉该人。

当时的大臣鲁宗道以耿直著称，刘太后问这块茅坑里的石头：“唐武后是个怎样的太后？”鲁宗道仿佛被人骂了娘一样，怒道：“唐朝的大罪人，险些没有把李唐王朝灭掉！”刘太后只好以沉默结束了这次问话。还有一次，她准备穿着天子衮冕谒见太庙，一位副宰相问她：“大谒之日，您是以男人身份拜，还是以女人身份拜？”

刘太后明白这是什么意思，脱了皇上穿的服装，但也没有直接穿太后服，而是经过了一下改装，跟皇上的服装差不多。她遇到的麻烦还有很多。有讨好的臣僚建议她先仿武后故事立刘氏七庙，她就这事询问鲁宗道，鲁这块臭石头立即反问：“赵氏子孙怎么办？”

刘太后碰了两次石头，老实了很多。有人把《武后临朝图》献给她，她碰石头碰得心惊胆战，居然把图画像狗屎一样扔在地上，说：“我不做这种有负祖宗的事！”

在大臣眼中，刘太后遇到的很多麻烦都是她自找的。倘若不提“母鸡打鸣”的事，刘太后的治术很受众臣的赞赏。她垂帘后办的第一件大事，就是把宋真宗的天书随同真宗一起葬入永定陵，

庙堂真相

狸猫换太子

著名的狸猫换太子故事，就发生在宋真宗朝，故事说宋真宗的刘妃（后来的刘太后）和内监郭槐是虐待小动物的人，两人残忍地把狸猫活剥，目的是调换李妃所生的小婴儿，宋真宗见到那只剥了皮的猫后，雷霆大怒，把李妃打入冷宫。宋真宗死后，仁宗即位，包拯为李妃平了反。历史上刘妃、李妃真有其人，但这个故事是不确实的。

下令禁止兴建宫观，废除宫观使，有力地遏制了这一时期弥漫朝野的狂热迷信。

在具体施政上，刘太后创设了解下情的谏院，并严惩贪官污吏，重视水利、发行交子（纸币）、完善科举、兴办地方学校。注意第四个政绩——发行交子，这是在宋朝乃至在世界上都有重大意义的一件事，谁能想到，这是一个女人做出来的？

晚年，她召见曾反对她预政的李迪，问道："我今日保护天子至此，你以为如何？"李迪心悦诚服，很为自己当年的行为而羞愧："当初不知皇太后盛德乃至于此。"

据说，刘太后临死前对着仁宗拉拉自己的天子衮冕，似乎欲有所言。大臣薛奎一厢情愿地认为，太后这是在示意穿着天子衮冕不能见先帝于地下，于是，仁宗命改用皇后冠服入殓。

刘太后执政十一年，是一位有功于宋朝统治的女政治家，正是她的垂帘预政，为仁宗庆历盛世奠定了基础。

向历史借智慧

好成绩是最有力的回答

到底行不行，光说没用，是骡子是马，得拉出来遛遛才知道。作为政坛新人的刘太后，要得到朝廷精英们的认可，尤其是在那个男人当家作主的时代，光凭太后的身份当然是不够的。有本事，就得做出点像样的成绩来，让大家瞧瞧。可以想象，亲爱的刘太后受大臣们嘲讽后，肯定也会躲起来哭哭鼻子，更可能私下里发恨说"老娘一定要废掉谁谁谁"之类的话，但委屈归委屈，归根到底，好成绩才是最有力的回答。

宋仁宗的妃子

宋仁宗的妃子好做，因为宋仁宗是个特别温和的皇帝；宋仁宗的妃子也不好做，因为空有皇帝的女人之名而无皇帝的女人之实。张贵妃是仁宗最宠爱的妃子，她去世时，仁宗居然把活着的正宫曹皇后当成了死人，追封张贵妃为温成皇后，这份情义，对一个皇帝而言的确难得。可仁宗对张贵妃，从来不放纵。

有一天，宋仁宗去张贵妃房间。仁宗看到一件名贵的定州红瓷器，就赞赏了几句，突然问：“哪来的？”张贵妃随意地答道：“是王大人送的！”仁宗立即变脸：“我明明告诫过你不要收受臣僚馈赠，你难道把我的话不当话吗？”张贵妃正要撒娇地解释，宋仁宗已经拿起随身携带的玉斧将瓷器砸碎，愤然离去，只剩下张贵妃在那里哭泣。

张贵妃也只是哭泣一会儿而已，有个妃子却被仁宗开除了。

事情是这样的。有一天，仁宗皇帝退朝后回寝宫，他没有脱龙袍就叫来一个妃子为他梳头，这个妃子工作时发现仁宗的袖子

野史秘闻

皇帝被老婆抽嘴巴

1033 年的某一天，仁宗的宠妃尚女士对郭皇后不满，说了很多不好的话，可能是郭有头皮屑的问题，皇后知道后，就在仁宗面前要打尚女士，仁宗拉架，郭皇后如发疯的母老虎，一巴掌抽在了仁宗的脸上，五指痕迹赫然显现。仁宗居然就带着证据去上朝了！

里有奏章，就问：“官家，今天有什么事情吗？”

仁宗说：“最近总是下雨，朝臣们认为是皇家宫人太多导致老天的‘阴盛之罚’，要求裁减我的女人。”

这个妃子一听立即来了脾气，大鸣不平：“谁不知道那些官老爷妻妾成群，没什么事就找歌妓唱歌跳舞，官家您身边才几个女人哪。难道就许他们快活，让做官家的难过吗？”

宋仁宗的脑袋不痒了，心里却很不舒服。过了几天，这个妃子直接跟宋仁宗说：“官家是真要辞退人吗？”宋仁宗点头。

这个妃子说：“那就先从我开始。”

她以为平时受宠很多，仁宗皇帝不会拿她怎样。可几天后，仁宗真的下令了，以她为首的三十多名妃子被请出宫。仁宗皇后不解地问老公：“她可是你最喜欢的妃子，你怎么真把她轰出去了？”

仁宗回答：“她居然怂恿寡人拒谏，这种人怎么可以放在身边呢？”

后来皇后跟后宫的女人们开了个会，会上，皇后说：“你们以后伺候官家要小心点，如果有闪失，那个梳头的妃子就是榜样。”

向历史借智慧

这样的领导可敬但不可亲

一看就知道，仁宗这哥们儿受的是最正统的儒家教育，明白是非，做起事来正气凛然，但细一感觉，又感觉他似乎不够大气，对待妃子们也少了点人情味儿。俗语说“通情达理”，仁宗这样的人，“达理”是达理了，却未必“通情”。在这样的领导身边工作，好处是你可以专心做事情，不用担心小人挑拨，也不用担心有了功劳领导不记得你，唯一要注意的是，要和领导保持距离。

清官可断家务事

终宋一朝，名臣辈出，因刚直秉公而著称的包拯就是其中之一，民间送他绰号“包黑子”，意为铁面无私。有一次，“包黑子”上书说担任财政部部长（三司使）的张尧佐无能，不应该继续让他干下去。这让仁宗很为难，因为张尧佐是宠妃张贵妃的伯父。后来，仁宗在张贵妃的请求下想了个折中的办法，让张尧佐去当地方军区司令员（节度使）。不料“包黑子”还是反对。仁宗怒了，说让他当司令员，只是个武官，有什么不可以的呢？不料，包黑子回敬了一句，谁说做司令员没有技术含量，当年太祖、太宗都干过。当时他离仁宗太近，又激动万分，唾沫都喷到了仁宗脸上了。

仁宗下了朝，张贵妃赶紧接驾，询问情况。仁宗一面擦脸上的口水一面说：“这事不成。”张贵妃不免就哭哭啼啼起来，弄得仁宗很心烦，便把她呵斥了一顿：“你就知道节度使、节度使，你难道不知道包拯是御史吗？”

在包拯的坚持下，张尧佐的军区司令员梦愣是泡汤了。

名臣风骨

开封有个包青天

包拯（999—1062年），字希仁，庐州合肥（今安徽合肥）人，出身于官僚家庭。包拯做官以断狱英明、为人刚直、铁面无私而著称，他既不包庇亲友，也不畏惧皇戚高官，京师有“关节不到，有阎罗包老”的民间谚语。后世老百姓则把他当作清官的化身——包青天。在民间信仰中，包公死后，还成了阴间的审判官之一。

当然，包拯也不是总给宋仁宗找麻烦，他还帮宋仁宗处理过一件家事。

公元1050年，一个叫冷清的年轻人来到开封城，说自己是“皇子”。市民不敢惹他，就任他白吃白喝。开封府的一把手钱明逸知道这事后，叫人把冷清捉来审问。

冷清不跪，站在那里告诉钱大人，他的母亲是十几年前宫中放出的宫女——钱大人知道这事，仁宗在十几年前的确放了很多宫女回家——而且有仁宗当年给的龙凤抱肚为证。钱大人可不能把皇帝拉出来对质，况且，也无法对质，于是就把冷清关起来，上奏仁宗。

宋仁宗此时虽然没有儿子，但凭空蹦出来这样一个儿子，他并没觉得高兴，因为他不想认个冒牌货，于是让钱明逸“公正审理”。钱大人吃不准仁宗的想法，正在愁闷，冷清在牢房里突然精神异常，这恰好给了他机会，将冷清以“疯子”为由发配到汝州（今河南临汝）编管。

但这事还没有结束。有大臣批评钱明逸，这样处置是任由冷清继续造谣惑众。宋仁宗要求再审，包拯承担了这个重任。经过多方探查，他终于查到了冷清的底细。他在给仁宗的报告上说，

名臣风骨

不与皇家连宗

龙图阁直学士刘烨，先祖十二代世世为官。皇太后刘娥想与他连宗。一次，刘娥召见刘烨说：“哀家与卿都是刘姓，能不能把你的家谱给哀家看看，说不定哀家跟你还是亲戚呢！”刘烨连连摇头不答应。可皇太后一再要求，刘烨情急之下假装突发急病，当场晕倒，这才被抬着逃出了宫。连宗之事，刘娥只得作罢。

冷清的母亲王氏确实是宫里放出的宫女，也确实被宋仁宗赐予过龙凤抱肚。不过，王氏出宫后嫁人，先生了一个女儿，以后才生了冷清，那时候变性手术很难做，先生的女儿变不了男儿，所以完全可以排除冷清与皇室的任何血缘关系。冷清是个地痞，偶然知道了自己的老妈曾经是皇宫里的人，而且和还没有儿子的仁宗有过那种事，就拿着老妈的那个龙凤抱肚开始在街巷里自称皇子。天下人看到床上信物，自然不敢与他理会，所以他一直骗到潭州（今湖南长沙），在这里，他遇到了一个更大的骗子。这个叫高继安的骗子告诉他，小骗是怡情，大骗才能富贵。于是给他出路费到开封来骗，结果被捉住关了起来，大骗子跑到狱中来告诉他，只有装疯卖傻才能脱离厄运，所以，冷清就“疯癫”起来。

包拯在报告的最后说，应该把小骗子（冷清）和大骗子（高继安）斩首示众。宋仁宗不想杀人。可包拯坚持要杀，严惩才能以绝后患哪，不然这种“假皇子”没完没了地跑出来怎么办。仁宗想想也是，就听了包拯的意见，将两个骗子斩首，一件传得沸沸扬扬的奇案就此了结。包拯也因为成功了断皇帝的家务事，而受到仁宗皇帝的称赞。

向历史借智慧

端正办事态度很重要

做人要讲究诚信，做事要追求真相，这个道理永远适用。钱明逸办案，先看领导的眼色，再揣测领导的心理，以这样的态度来办案，只能办成糊涂案。而包拯办案，则是努力查寻真相，以证据说话，以这样的态度办下来的案子，领导也会觉得放心。

两个秀才

唐初，一支名为党项的少数民族在帝国西方崛起。它的首领拓跋赤辞投降唐，被赐姓李，迁其族人至庆州（在今宁夏回族自治区内），被封为平西公。唐末时，党项平黄巢起义有功，再次被赐姓李。自此，夏国公拓跋思恭及其李姓后代发展成为当地的藩镇势力。宋朝初年，党项人又被赐姓赵。仁宗时代，因为宋在对辽的战争中屡战屡败，新一代夏国公元昊，就有了自立门户的心思。

元昊的野心必须以人才作为支柱，于是，他在庆州城内设立了“招贤馆”。

一日，两个屡次落第的秀才得知元昊正在收用人才，就凑了几十两银子跑到庆州城内来撞大运。到了庆州城，银子花光了，他们好不容易找到“招贤馆”，其中姓吴的就要进去，姓张的很机灵，拉住他说：“主动送上来的肯定都是破货，我们去找他，他就会这样想，不如，让他来请我们。”吴秀才死脑筋，想不到

庙堂真相

皇帝面试都过关

在北宋公务员考试中，殿试时，皇帝亲自面试。张元就是在殿试时被刷下来的，后来张元到了西夏，北宋大臣议论纷纷，认为当初如果在面试时取了张元，就不会有这样的事了。所以，1057 年，朝廷颁布新规定，只要到了殿试，无论什么人，都算是考中，授予官职。一个小书生，居然让一个国家改了一条法律，让人听后不胜唏嘘。

这样的方法。张秀才就指着对面一家酒楼：“我们先去吃饭。”吴秀才直晃脑袋：“我们可一分钱都没有了。”张秀才拉着他进了酒楼，把酒楼里最好的菜要了个遍。吴秀才胆战心惊地吃完了这顿饭，准备接受吃霸王餐的惩罚。张秀才却让小二拿笔墨，去墙上写道：张元、吴昊到此一吃。

写完，把笔一扔，拉起吴秀才就走。小二急忙将二人拦住，大怒道：“你俩要吃霸王餐，也不打听一下这是谁开的。”说完，就要动武。两个秀才是只会动嘴不动手的，所以，大喊大叫。

他们的喊叫声惊四座，楼上跑下来两个人，先把张、吴二人打量了一番，然后问小二情由。小二说，这两个家伙想吃霸王餐，还乱涂乱抹，破坏私人设施。

这两个人去墙壁那里看了一眼，吩咐小二好好看守，就下了楼。吴秀才想死的心都有了，他不知道，这座酒楼和对面的招贤馆都是元昊开设的。元昊和张秀才一样，都认为主动送上来的没好货，所以又开了这个酒楼，派人在这里监守，遇到举动特异、相貌与常人不同的，即去报告，一来收罗人才，二来还可以访查奸细，实在是一举两得。

庙堂真相

西夏国

唐初，西边的党项族开始强大起来。其中拓跋赤辞投降唐，被赐姓李，迁其族人至庆州（今宁夏回族自治区内），被封为平西公。881 年，首领拓跋思恭平黄巢起义有功，再次被赐姓李，封夏国公。这以后，夏国公就成为当地的藩镇势力。1038 年，李（赵）元昊建西夏政权，1227 年被蒙古人消灭。

方才下楼来的那两个人就是元昊的亲信，一见张、吴二人，就觉得他们符合元昊说的条件，后来又见墙上写了两个名字，每个人都犯了国主元昊的讳。如果脑袋是一根筋，肯定就把张、吴二人就地处决了，但这两人都有逆向思维，认为二人这样起名是故意的，所以急忙去报告元昊。元昊正在床上，听到这个消息，甩开老婆的手就跑了出来。这跟当初曹操因兴奋而不穿鞋去迎接许攸很有一比。

张、吴二人被带到元昊面前，元昊故意大怒道："吃饭不给钱，你们中原有这样的道理吗？"吴昊吓得魂不附体，只求早死。张元答非所问："我们是秀才。"元昊问："做了秀才，难道把国王的忌讳都忘记了？"张元等的就是这句话，哈哈大笑道："大王连姓也不顾，还顾什么名字呢！"

元昊像是狠狠地挨了一棒。张元说得对，一直以来，他总想叛大宋，却居然还在使用大宋赐给他的姓。这真是做婊子和立牌坊的博弈呀。他快步走下殿来，扶二人上殿并赐座，问道："两位先生远道而来，必有妙策可定中原，还请赐教。"吴秀才魂魄归位，与张秀才一起劝元昊速建大号，如此一来可以吸引人才、

社会风情

秀才不敢听"落"声

宋朝秀才柳冕超级看重忌讳，考科举时从来听不得"落"或是与"落"同音的字，怕弄成"落第"。他自己也常把"安乐"说成"安康"，仆人们都跟着他这样说。考试完了后，老柳打发仆人去看榜，仆人回来后，老柳急忙问仆人自己中了没有，仆人就回了一句："秀才康了也。"

团结人心。元昊早有此意，几天后就称帝，改元天授，国号为夏，历史上称为西夏。张、吴两个秀才一日飞升，都成为掌握军事大权的宰相。一切开国制度、军事方略，都由二人规划施行，元昊对二人言听计从。

大宋人很久之后才知道，西夏的两个开国功勋居然是两个穷酸秀才，大宋很鄙视西夏：我们不要的破烂，你们却当成宝。能有什么出息？

向历史借智慧

炒作是成功的重要步骤

看来，不管古、今、中、外，适度的自我炒作都是成功的重要步骤，按今天的说法叫“包装”。人心皆同：找工作的时候，主动送上门去的人家不稀罕；托人介绍吧，人家当你是走后门的关系户；最可能有收获的方法，就是想办法让猎头找上你，然后当成重要人物推荐给雇主。张秀才走的就是后面这条路，所以很容易就达到目的了，然后又凭借专业能力，成功实现“做帝王师”的梦。

“庆历新政”

到宋仁宗上台时，赵氏子孙用了八十年时间使大宋陷入沼泽——官员多、兵多、开支多，最要紧的是百姓生活没有着落，农民暴动此起彼伏。公元1043年，宋军被自己一向看不起的穷国西夏打败。这让宋仁宗倒抽一口冷气，他希望宰相吕夷简能创造奇迹，但吕宰相呆若木鸡，束手无策。

宋仁宗只好绕过吕宰相，挑选了几个平时喜欢在朝堂上大声说话的人，他们是欧阳修、余靖、蔡襄，另外一个就是范仲淹。

范仲淹夸夸其谈，宋仁宗听得热血沸腾，多次催促范仲淹拿出一个方案，以使大宋繁荣昌盛。范仲淹琢磨了很久，才拿出一份《答手诏条陈十事》奏折。看过这份奏折，我们就可以知道，范仲淹绞尽脑汁凑足了十事，不过是为了图个吉利，其实讲的只有一件事：官吏管理。

范仲淹认为，只要把官吏搞明白了，皇帝只需要坐在那里跟呆头鹅一样就可以使天下大治。如何“搞明白”官吏呢？提拔有

庙堂真相

君子和小人

宋朝是文臣政治，文臣人数一多，难免意见不统一，争来争去就形成了党争。宋朝党争的一个鲜明特征是，互相把对方归为“小人”，而自己一方称为“君子”。柏杨先生曾总结，与“君子”相关的词包括耿直、忠良、光明磊落、胸襟坦荡等等，与“小人”相关的词包括奸邪、阴险、卑鄙、污浊、罔上欺下等等。实质就是，他们都觉得只有自己是爱国爱民的，其他人都是贪官污吏。

用的官吏，废掉没用的官吏。可提拔和废掉的标准是什么？范仲淹没有说。当年十月，范仲淹选派了一批高级官员（按察使）去各地考察官吏情况，派出去的这批官员，都是范仲淹最熟悉的人，有的还是他的好朋友。因此，他放心地坐镇中央，根据按察使送来的报告，在官员登记本上打叉。掌军事的副宰相（枢密副使）富弼看到他勤奋工作的样子，叹息说：“一笔勾掉一个名字很容易，可是，被勾掉的一家人可都得哭了。”范仲淹一面打叉一面说：“一家哭总比一路哭好！”（宋代的“路”相当于现在的“省”。）

有人就指出，范仲淹的叉打得很让人怀疑他这是在借机排挤异己。这种指责的声音越强，范仲淹的叉就打得越多。

结果，又有人站出来说，范仲淹在搞朋党。“朋党”是任何统治者都对它极为敏感的一个词。唐朝后期的朋党之争就把帝国强拉硬扯地送进地狱。宋仁宗对身边的人说，范仲淹不像是那种结党的人。有人点醒皇上：等他是的时候，您后悔都来不及了。

为什么有人指责范仲淹，很简单，他的吏治新政得罪了一批人。官吏管理其中有一条是，之前的贵族不能让儿子接班。贵族生的孩子大都是饭桶，如果不接班，难道去做强盗？这些贵族当然会

名臣风骨

吕夷简有远见

宋仁宗生母李氏去世，太后刘娥想以普通宫嫔的身份殓葬了事，但宰相吕夷简反对。刘娥责问吕夷简：“你想离间我们母子的感情吗？”吕夷简回答，厚葬李氏，正是为了太后以及刘家人的将来。于是厚葬，并给李氏的弟弟李用和升了官。刘太后去世后，有人传谣说太后曾经虐待李氏，仁宗命亲舅舅李用和去调查，发现生母得到厚葬。仁宗叹道：“人言岂可尽信！”因而对太后一脉倍加照顾。

跳起来。

一批批的人来见宋仁宗，他们认为范仲淹的良心太坏了。范仲淹能忍受这些人，因为他是君子，那些人是小人，但让他暴跳如雷的是，之前支持他的欧阳修突然说自己是卧底，写了篇《朋党论》含沙射影。宋仁宗见他们内部已经出现矛盾，心想这新政也肯定有问题，于是，下令废除新政，贵族们松了一口气，大宋却少了一口气。

“庆历新政”实施不足一年半，范仲淹什么事情都没有做成。但改革的需要如星星之火，一直延续到神宗朝，这星星之火后来燎原成了王安石变法。

向历史借智慧

领导的副手难做

领导的副手难做。领导嘛，下属们有争执了就充当裁判，平常没事时就做形象大使，“君临天下”、大权在握，所以游刃有余得多；副手呢，就是个干活的位置，决定发多少奖金的权力归领导，监督其他人干活却是你的事，干得多了领导怀疑你拉帮结派想揽权，干得少了同事们攻击你能力不行。历史上像范仲淹、商鞅、张居正这些人，其实都是充当领导副手的角色，有朝一日可以做上领导还好，若是做不上，副手就不知道“为谁辛苦为谁忙”了。

腹中万甲兵

韩琦、富弼、文彦博、夏竦、范仲淹，这几个仁宗朝的大臣，人们最熟悉的百分之百是范仲淹。因为他曾写下了“先天下之忧而忧，后天下之乐而乐”的千古名句（出自《岳阳楼记》），可是，他活着的时候一次都没有去过岳阳楼。西夏崛起，总鼓捣大宋边疆的时候，仁宗让他到边疆去镇守延州（延安），刚到不久，就有传闻，说西夏不敢惹事，因为范仲淹“腹中有数万甲兵”。

大肚子范仲淹刚到延州时，执法严格。一次，偶然遇见四个士兵闹事，他竟然在审讯之后，将四人押到军前，执行了失传多年的腰斩。

当然，范大肚子也有仁慈的一面。军官王伦叛乱，攻击大宋的城池，守卫城池的军官晁仲约打开城门，放王伦入城，给钱给粮给女人，恭敬地把王伦送走了。消息传到开封，仁宗把范仲淹和富弼叫来，讨论如何处理晁仲约。富弼残忍地说：“身为守臣，不战不守，反而送钱送物，这种人应该就地正法。”范仲淹善良

名臣风骨

文彦博

文彦博（1006—1097 年），今山西人。司马光小时候砸缸解救过玩伴，文彦博则把水灌进树洞，让掉进里面的球浮了上来。1041 年，贝州（今河北清河）一个叫王则的军人造反，政府军数度败北，文彦博请求出征，仁宗皇帝大喜，说：“‘贝’字加‘文’等于败，你一出马定然凯旋。”不出一月，文彦博果然胜利而归。

的心灵迸发火花："晁仲约手下兵少，墙又矮，不战不守，事有可恕。"仁宗也是个善良的人，两个善良的人决定不对晁仲约作任何处理。离开仁宗后，富弼指责范仲淹："老范，你发慈悲怎么也不看时候啊？"

范仲淹的回答令人毛骨悚然："皇帝正当壮年，我们不能教他杀人，免得他杀得手顺，只怕将来你我的小命都不好保。太祖以来，还没有轻易杀过官员，我们何必开这个头？"

看来，范仲淹是个"以人为本"的官员，主张生命至上，在生命（特别是自己的命）面前，法律必须让路。

"庆历新政"失败后，范仲淹被调到河东路守边疆。可他不去，原因是那里兵少，一旦西夏和辽联手打过来，后果不堪设想。这个时候他居然忘记了自己肚子里有数万甲兵。韩琦知道后，就找到他，对他说："如果你不敢去，让我去好了，不过有个前提。"

范仲淹摸着肚子问："什么？"

韩琦说了出来："绝不许我带一兵一骑。"

"这不是存心和我对着干吗？"范仲淹一听，跳了起来，气得七窍生烟，说要和韩琦作生死一搏。

名臣风骨

"庆历新政"总规划晏殊

"庆历新政"总领其事的其实是晏殊。晏殊多年身居要职，唯贤是举、奖掖后进，范仲淹、孔道辅、王安石等均出自其门下；韩琦、富弼、欧阳修等皆经他栽培、荐引。韩琦连任仁宗、英宗、神宗三朝宰相；富弼寒素时受到晏殊青睐，把女儿嫁给他，后来也官拜宰相。晏殊还大办学校，培养人才，欧阳修说"自五代以来，天下学废，兴自公始"，即是褒扬晏殊的功绩。

后来，二人联合守西边。韩琦一直想进攻，但范仲淹如同怀胎六个月的孕妇，甲兵不出，不敢轻举妄动。他摸着肚子对韩琦说："我有上策，也有中策。上策就是建城筑寨，储备粮食，一旦西夏来攻，坚壁清野，饿死丫的。不出两三年，你请西夏来，他都不敢来。"

听得韩琦想死的心都有了，他已经没有勇气去听范仲淹的下策了。

范仲淹的上策很快就起到作用：塞门寨、安远寨、金明寨和三川寨陆续失守，西边告急。

仁宗在开封城里拍着桌子大叫："打，必须打一场。"仁宗这么软的人，都坐不住了，要求打。

但范仲淹坚决反对。韩琦派了范仲淹的老朋友尹洙去劝说范仲淹协同作战。范仲淹和老朋友喝了二十多天的酒，肚子里的数万甲兵都醉了，他仍然不同意进兵。

庆历元年（1041 年）二月，西夏大举来袭，韩琦出兵，却错用大将，宋军惨败于好水川。在宋军苦战时，"范大肚子"做了这样一件事。他写了一封信给元昊，让他投降大宋。元昊一面进

名臣风骨

哪头笨驴抢了我的状元

宋仁宗时，杨察、杨置兄弟从小没爹，母亲对他们期望极高。杨察考中第二，这位母亲居然大发雷霆，说："这小子真是个废物，竟让人家的子弟占了先；老二将来要是再考不中状元，那我这张老脸要丢尽了。"杨置考完后到处预言，状元非我莫属。听说状元不是他时，大骂："哪头笨驴抢了我的状元！"但等榜单贴出来，状元居然就是杨置。

兵，一面担心范仲淹会与韩琦联合，所以就敷衍他。当元昊取得好水川胜利后，就写了封信耍弄范仲淹，可能还骂了“范大肚子”是条蠢狗。范仲淹看到信后气得死去活来，同时又胆战心惊。因为这样的信倘若被朝廷知道，他就是一个卖国贼。范大肚子立即做了一个惊人的举动：当着西夏使者的面把信撕了。他给朝廷的解释是，如果这封信被皇帝看到了，必要愤怒，然后就会兴兵，劳民伤财。

没有人相信他。有大臣直接请求把范仲淹就地处决，可仁宗皇帝不杀读书人，范仲淹逃过一劫，官降数等，罢知耀州。

后来，元昊晚上和白天都不闲着，他的确累了，于是主动对宋称子。仁宗有了面子，答应年赐西夏茶三万斤，绢十万匹，封元昊为夏国主。此后西夏和宋朝友好了几年。

后来，范仲淹被调回京城，担任掌管军事的副宰相。他肚子里的那数万甲兵直到他死，也没有出来。

向历史借智慧

高调的未必就是好人

清朝有个做官的，贪污受贿的事做了很多，但写起文章来，慷慨激昂、忧国忧民，有人问他为什么要这么做，这人回答：文章是千古事，几百年、上千年以后，人们还读得到我的文章，至于我贪钱，几十年后就没人会记得了，所以文章里一定要多呼吁民间疾苦。不知道范仲淹是不是也这样想，“先天下之忧而忧，后天下之乐而乐”不知感动了多少人，但他当官多年，到底为老百姓办了几件实事呢？

好水川之战

公元 1041 年初春，大宋西北边疆的冷风吹来了西夏元昊要进攻渭州的消息。总司令韩琦立即召开紧急会议，会议的主题是主动出击还是龟缩守卫，军区副总指挥范仲淹选择后者，韩琦甚为恼火，说：“做军人，就该把胜负置之度外。”会议进行的时候，西夏军已经逼近怀远城，韩琦立即跑到镇武（今宁夏固原）让副总管任福统领数万大军，又给任将军配了参谋长耿傅和先锋桑怿。

任福出发前，韩琦给他布置了作战方略：“自怀远城经得胜寨（今宁夏西吉东南）直趋羊牧隆城（今宁夏西吉西北），绕到敌人背后发动攻击。各堡垒相距不过四十里，道路便利，审时度势，能打就打，不能打绝对不打。”最后告诫任福：“如果你不按照我的方法做，就是你活捉了元昊，我也要斩你的脑袋。”

任福满口答应着，跳上马，领着六万人直向怀远捺龙川（今宁夏固原彭堡）奔去，在张宗堡以南，任福“偶遇”西夏军，他们正赶着牛羊。任福大吼一声，冲向敌阵。六万对一千，大胜。

名臣风骨

韩琦是个慈悲人

韩琦晚上工作时，有一侍从在旁举烛，侍从困倦，一不小心把韩琦的胡子烧着了，韩琦用手拍灭，继续工作。很久，他抬头，发现举烛的人已经换了，大惊，深怕那人会受到惩罚，急忙大叫：“那人才学会举烛，赶紧叫回来。”

活着的西夏兵仓皇而逃，任福兴奋地追赶。有人提醒他，西夏军可能有埋伏，任福对这种胆小的人只有一个办法：不理。

追到好水川（今宁夏隆德）时，任福跑得气喘吁吁，于是扎营歇息，决定第二天找到西夏军主力，争取活捉元昊。元昊也想活捉任福，而且已经在好水川和姚家川西侧的谷口作好了充足的准备。那些败兵是诱饵，任福这条鱼疯了一样咬到了钩。

晚上休息时，任福才发现自己只带着少量部队来到了这里，第二天，他头脑清醒了许多，想沿好水川西行，从六盘山出去，于是，顺着好水川和姚家川西侧的谷口谨慎行走。前锋桑怿发现路上摆了很多封闭的泥盒子，里面发出咕咕的叫声。用手拍，里面有跃动之声。桑怿不敢擅自开启，只好等任福到来。任福一到，琢磨半天，有人认为这是西夏军的巫术，若打开，就会扑出一个老妖怪来。任福不信，他认为只是普通盒子，于是让士兵大喊一——二——三——打开，盒子一开，一群鸽子冲向天空，任福为自己的聪明大笑，笑声未完，元昊的十万大军已经得知宋军进入埋伏圈，好水川之战开始了。

西夏兵在山上和山下一齐亮相，任福并不慌张——只有知道

社会风情

诗词非信史

诗词歌赋，多有为文而文的情况，不能全当作事实来看。宋人李廷彦作诗，句中有“舍弟江南殁，家兄塞北亡”。领导看后相当感动，心想这家世可够惨的。谁知李廷彦说了句话，差点把领导气死，他说：“我兄弟其实都好好的，这样写是为了诗好看，读起来顺口。”

必死的人才不慌张。宋军士兵也是这样想，所以对西夏军来讲，这的确是场恶战。任福左冲右杀，身中十余箭，可仍然挥舞着他的先进武器四刃铁简，挺身决斗。有人劝他突围，任福明白，就算这里不是葬身之地，韩琦那里也是“永垂不朽”之处。所以，他在不可能突围的情况下坚决不突围。临死前，留下了豪迈之语：“我是军人，当以死报国。”其中一个叫王珪的军官也骁勇绝伦，他从几十里外的地方来解救任福，最终却无法解救自己。临死前，他已经冲锋了数十次，全身上下没有一处不见红，知道不可能有奇迹发生后，他跪倒在地，看向东方，那里正是开封，磕头几下，站起来，又多杀了几个西夏兵，最后眼睛中箭而死。

宋军全军覆没，韩琦一面咒骂任福，一面上表请罪。在回师路上，阵亡将士家属数千人拦住韩琦的马大哭，不但哭，而且还抛撒纸钱，不但抛撒纸钱，还向空中哀诉：“你们先前跟从韩将军出征，现在韩将军回来了，你们都死了，希望你们的亡灵也能跟着韩将军一起回来。”

这话说得很恶毒，倘若他们的魂魄不能跟韩琦回来，是不是要让韩琦跟他们的魂魄走？

社会风情

女子缠足史

女子缠足是从五代、北宋时开始的，后来成为所谓“国粹”，有些地方每年都举行“赛脚会”，就是女人们都从家里跑出来，聚到一起，亮出小脚来给人看，评委们根据不同技术参数打分，得分最高的就是冠军。不缠足的女子是很没身份和面子的，女人缠足和男人读书一样是进入上流社会的必要条件。明朝时甚至规定：“浙东丐户，男不许读书，女不许裹足。”缠足成了贱民不能染指的特权！

范仲淹得知好水川惨败后，说了一句话，以回应韩琦当初说他胆小："此情此景，再难置胜负于度外！"

西夏军大胜后，元昊的军师——就是那个吃饭不给钱的张元写了一首诗："夏竦何曾耸，韩琦未足奇。满川龙虎辇，犹自说兵机。"张元这种无耻的劲头，无人能及。但我们发现这首诗里没有"腹有万甲兵"的范仲淹，再一次说明："范大肚子"写文章自吹自擂的功夫天下无双。

向历史借智慧

对失败的人示以同情

在宋仁宗时代，大宋还没虚弱到根本不能和西夏一战，所以韩琦的主战倾向并以身作则、努力去战的做法，还是应该受到肯定的——败军之将，也可言勇。现实中常有一种情形：多干多错，少干少错，不干不错。无论如何，什么事也不做的人，没有资格去指责别人做错了或者做得不好。有时候，经常被指责的人，反而是一直在干实事的人，这种人迟早会成功，实现自己的真正价值。所以，不妨对暂时的失败者抱以同情。

种世衡以心交心

军事家一旦有政治天分，在和平年代必将是国家的幸运。北宋守边名将种世衡即是这样的人，范仲淹赞他为“国家栋梁”，宋仁宗批示：“守边的将领都像他这样，我就不头痛了。”

种世衡在环州做军政一把手（知州）时，有密探报告说，一些羌族部落暗中勾结西夏，与大宋为敌。到了北宋时，羌已经没落。大宋想要惩罚这样的小部落，易如反掌。但种世衡不这样想，反而经常深入羌族内部与他们打成一片。他往往是大包小包地去，再空着双手回来。羌人得到了他的好处，慢慢地就憎恨自己的过去，与大宋做了朋友。

但也有不识好歹的，一个叫奴讹的羌族酋长，跟竹子一样，性情孤傲，没有笑脸，人际关系很差。当种世衡新上任时，按例他该去欢迎，但他没有。

种世衡知道有这样一根竹子后，就主动去拜访。竹子虽然清高，却知道种世衡战功赫赫，不是普通的军人。二人相谈甚欢，约好

社会风情

宋朝的普通话

中国古代，由于回避制度规定必须异地做官，加上平时的交流所需，就需要一种统一的语言。所以古时官员就是通过普通话来进行语言交流的，不过当时不叫普通话，而叫“雅言”（官话）。北宋定都开封，官话就是今天的河南话。而元朝之后，北京一直是首都，所以北京话就成了“雅言”。

第二天再见。晚上的时候，天下起了大雪，早上醒来，种世衡艰难地把门推开，发现雪仍没有停。

部下劝种世衡说，平常去那个鬼地方，走在陡峭的山间都胆战心惊。如今又下大雪，恐怕会一去不复返。种世衡说，我不能失信于人。部下说，您暂时别把他当人看。但种世衡坚决要把他当人看，所以冒险踏雪上山。奴讹看着漫天的大雪，料定种世衡不会来，吃完早饭后，他就蒙起脑袋睡了起来。中午时，突然有人敲他的门，说是种世衡来了。奴讹震惊，穿上裤子就来迎接。只见种世衡站在门前正把衣服上的雪打落。奴讹激动得嘴直颤，真心地把种世衡当成好兄弟了。大雪一停，奴讹就宣誓效忠大宋。

对待羌人中最强大的苏慕恩部落，种世衡也以心交心。有一次，他与苏慕恩在营帐中喝酒。席间，他让一个美丽的侍女跳舞，这名侍女很快就兼职服务员，为二人斟酒。席间，种世衡起身出去小解，苏慕恩喝多了，就和没喝多的时候一样调戏那个侍女。这个时候，种世衡突然闯了进来，坏了苏慕恩的好事。苏慕恩不但不怒，反而很惭愧，急忙向种世衡请罪。种世衡也不怪他，他发现对方的确很喜欢这个女人，于是就把侍女送给了苏慕恩。苏

名臣风骨

高级间谍

有一番将犯了错，种世衡暴怒，对其施以杖刑，打得番将皮开肉绽，鬼哭狼嚎。不久，番将怀恨在心，伤势还未痊愈就逃走了，投奔到李元昊的帐下。李元昊见他伤痕累累，又对种世衡恨之入骨，便把他收为心腹，准许他参与最高机密。一年过后，番将突然不辞而别，回到种世衡身边，带回大量西夏的军事机密。这时人们才恍然大悟，原来是一出苦肉计。

慕恩调戏妇女不但没有失去什么，还得到了一个女人，这真让他感觉恍如在梦中，他对着种世衡连行了三个大礼，急忙拉起女人回去了。自此以后，苏慕恩和种世衡的关系更好了，死力相助，凡是其他部落中有怀二心的逆臣，种世衡就派苏慕恩前去讨伐。因着那女人的关系，苏慕恩每次都胜利而归。

种世衡的这种以情感人、雪中送炭，使他很快就得到了羌人的心。每当西夏军准备进攻时，羌人得到消息都会立即就报告给宋军。所以，西夏军队来到的时候，宋军已经等很久了。为了团结羌人对付西夏，种世衡又让境内各少数民族学习点烽火，以告示西夏的进攻，当烽火一燃，宋军和羌人就共同出击，守卫边境。由于与羌民和睦相处，种世衡受到了境内羌族人的信任和爱戴，在种世衡死了以后，羌族酋长连续数日祭拜于灵柩前。地方羌人都拿他的画像供在高台上，像对待祖宗和神仙一样地供奉着。

向历史借智慧

有付出就会有回报

种世衡是北宋的模范干部，一个做官的，能得到老百姓从心里生出的尊敬，可不容易，而能够得到异族老百姓的尊敬与爱戴，用古人的话来讲，那可真称得上是“圣人”“青天”了。但无论一个多么友好的官、多么善良的人，一开始时仍会被误解，乃至受到不友好、不公平的对待。但正如老话讲的，“将心比心”，你对人真诚付出了，人也会真诚对你。有付出就会有回报，如果还没有，那就是你付出的还不够。

仁宗看夏竦

在宋朝所有的皇帝中，宋仁宗是受赞誉最多的。有人用一句话来概括他：他什么都不会，但就是会做“官家”。官家是宋代的说法，就是皇帝的意思。

他很会做皇帝，能够约束自己，不让自己的欲望随便影响到老百姓。据说他经常批奏章批到深夜，有一天晚上他很饿，很想喝一碗烫乎乎的羊肉汤，但转念一想，忍住了，一直忍到第二天早上。皇后知道这件事后，劝他说，陛下富有四海，难道还吝惜这一碗羊肉汤吗？仁宗回答说，我不是吝惜，而是想如果我昨天晚上让厨房做了羊肉汤，那么他们就会把这个当成定例，每天晚上都会宰一只羊，这样一年下来就是三百多只羊，太浪费了。

还有一次，有大臣上奏说朝鲜的贡品一次比一次少，我们是不是应该出兵去教训他们一下？仁宗回答，这是朝鲜国王的责任，跟老百姓没关系。你找人告诉他们国王就行了。

正是因为仁宗这样宽厚的性格，才成就了一大批名臣，譬如

野史秘闻

夏竦与元昊

夏竦在宁夏对付元昊时，曾贴悬赏令：“有得元昊脑袋的，赏钱五百万贯。”不久后，就有人捡到了元昊的悬赏令，上面写道：“有得夏竦脑袋的，赏钱两贯。”

——论狠，强中更有强中手！

晏殊、范仲淹、包拯、欧阳修等等。但是，仁厚如同一张网，能网到最美味的鱼，有时候也能网到破烂。夏竦就是一个十足的破烂。

夏竦很博学，文章好，尤其是词写得非常好，由此获得真宗和仁宗的赏识。不过，除了这一点外他就没有多少本事了，他当了一次陕西经略安抚招讨使，是当时负责对西夏作战的方面大员，结果一败涂地。他最拿手的是忽悠人，跟过去酒过三巡便烧黄纸、拜把子不一样，他不用喝酒就可以马上跟你拍肩膀称兄道弟，不过转眼他就把你卖掉了，临走前还往你身上吐口唾沫。他就是这么一个小人，当时就有很多人看不惯他，但仁宗对他挺好，因为他在仁宗面前总表现得和绝世的君子一样。所以仁宗对其一再提拔，最后他还做到了宰相，被封英国公，后改为郑国公。

夏竦生活很奢侈很腐败，据说他出门乘坐的是“加长版”马车。具体做法是把两辆马车连起来，围上锦帐，弄成一大溜的样子，走街过市，那是相当地招摇。有一次他很不解地问门人，为什么寇准的豪奢跟我也差不多，但大家骂我不骂他呢？门人回答，寇大人在郊外饮酒，见了穷书生便叫过去一起喝，而大人您就连朝中的大臣都不理，何况是穷书生呢？

庙堂真相

皇城司：宋朝的秘密警察

《三侠五义》中的展昭有个特别牛气的官衔：三品带刀侍卫。这就是皇城司其中的一个职能——皇帝的保镖。皇城司的第二个职能是秘密警察，但只限于京城。秘密警察又分为两种，一种是针对宋人，一种是针对在京城的“外国人”。宋真宗年间，皇城司捉到一位契丹商人，经过开封府审讯，商人供称自己是间谍。但皇城司之所以没有明朝的锦衣卫名气大，因为它只有逮捕权，没有审判权，所以，制造的祸害也很小。

也许正是夏竦在仁宗面前表现得太虚伪了，仁宗在得知夏竦的死讯后，居然有点不相信。他亲自带着太监们到夏竦府上，祭奠过后，命令太监把夏竦尸体上的布掀开，仔细地看了一会儿，才起驾回宫。按照一般的说法，剖棺验尸和掀开面幕，都是人主怀疑大臣的表现，看来，仁宗这个时候想起了夏竦平日的矫饰，因此很想弄清楚这次是不是真的。结果，他验证了，夏竦的确死了，不过这也从侧面反映出夏竦的奸诈，所谓死诸葛吓跑活司马，仁宗最终又被他骗了一回。

向历史借智慧

看人不能只看表面

仁宗看夏竦，越看越糊涂。恐怕很多人都跟仁宗皇帝一样，在识人方面很自信，总觉得自己眼力好，好像得到过曾国藩识人术的真传。其实，看人看表面是最容易看走眼的了，只有多接触多了解，才能比较准确地认识一个人。俺的经验是：要判断一个人“坏”，也许还能看出点蛛丝马迹；但要判断一个人是不是好，就没谱了——坏人也经常长一副好面孔呢。

富弼使辽

西夏那边闹得很火时，平静了四十多年的辽人也有点坐不住了。于是，他们派遣使者到开封，要求谈谈关南的土地问题。关南的土地是后晋割给辽国的，后来被后周世宗收复。赵匡胤夺了后周世宗的江山，这江山里自然就有关南。宋仁宗认为，主权问题没的谈——宋朝的皇帝开始都坚持主权没的谈，后来都表示可以谈。

开封市法院院长（知制诰）富弼承担了这个倒霉的任务。

富弼见到辽国皇帝，大声问罪："我们两朝相好，至今四十多年，忽然请求割地，是为了什么呢？"

辽国皇帝说："你们南朝违背了盟约，堵塞雁门关，增加塘水，修治城隍，登记民兵，有一天，你们会不会把城隍修到我家门口来？现在，我的臣子们请求举兵南征，我是个仁慈的君王，所以只是想让你们割点土地就算了。但如果你们不给，那我就收回仁慈。"

富弼吹牛："你们北朝不会忘记了章圣皇帝（宋真宗）的大

名臣风骨

仁宗身边有"四真"

宋仁宗中期，富弼任宰相，欧阳修任翰林学士，包拯任御史中丞（监察院院长），胡翼之为侍讲（皇帝讲师），士大夫们称这四人为"四真"。意思是：真宰相、真翰林学士、真御史中丞、真先生。

德了吧，当初在澶州，如果章圣皇帝略一动怒，你们北朝的士兵能回来一个吗？况且，我大宋封疆万里，精兵百万，上下一心，若你们要用兵，谁死在谁手里还是未知数呢。即使你们侥幸获胜，损失肯定是有的，这些损失你那些好战的大臣能够弥补吗？”

辽国皇帝被富弼唬住了，不作声。富弼趁机说：“如果你们遵守合约，大宋每年赠给你的钱帛，还不都是你一人的，你拿钱盖宫殿、养女人，还不是你自己说了算？”

辽国皇帝一听，急忙点头。

富弼开始解释大宋的行为：“我大宋堵塞雁门关，是为了防备西夏的元昊；增大池塘里的水，那是在两国和好之前；城隍是因为破旧而加以翻修；登记民兵，是为了补缺，这跟违背盟约一点关系都没有。”

辽国皇帝根本就不在乎这些，他就是想要关南的土地：“祖宗留下来的，我们必须拿回。”

富弼觉得可笑，辽人连祖宗是谁都搞不清楚：“若说祖宗，你们的地是石敬瑭给的，后周世宗收了回来。这都是历史了，难道你们认为石敬瑭是你们的祖宗吗？倘若各自都要回自己的地盘，

庙堂真相

御史高见

宋朝时规定，御史百日内没能提意见的，都要贬官到地方上去。有位叫王平的老兄当御史后，前面九十九天都吃闲饭，第一百天时终于憋出一条意见，众人都以为是啥轰动性消息，结果一看，原来王平提的却是御膳里有头发丝，希望改进伙食。众官晕倒。

那你们现在的地方也应该是我们的。”

辽国皇帝因为事先没有准备，被富弼得逞了。富弼一走出来，跟出来的一个辽国的臣子对富弼说：“如果我们皇帝耻于接受钱帛，坚持要你们割十个县又怎么办呢？”

富弼给出了一句话：“给钱可以，给土地没的谈。”

第二天，辽国皇帝请富弼一同去打猎，他凑到富弼的马边，说：“我若得到关南之地，两朝就可以永远和平欢乐。”

富弼说：“既然你以得到土地为荣，那我们就肯定会以失去土地为耻辱。咱们是兄弟之国，我们看着您荣，您却看着我们忍受耻辱？您这不是对待兄弟的态度啊。”从猎场回来，辽国的一个臣子对富弼说：“我们皇帝也认为您说的荣辱很对，是否可以联姻呢？”

宋人就是有这个特点，不把女人当成政治牺牲品。富弼说：“你们脑袋不开窍吗？我朝的长公主出嫁，陪嫁不过十万缗钱，哪里比得上岁币年年都有，永远享受不完的好处呢？”

那位辽国使臣还真没有想过这一点。富弼回到开封后，把谈判经过汇报给仁宗，仁宗同意增加岁币。富弼又再次出使辽国。

名臣风骨

吃人的嘴短，拿人的手软

富弼为官清正，颇有廉声。宋英宗登基后，遍赏朝廷重臣。等大家告退后，英宗单独留下富弼，要另外给他赏赐先皇旧物，富弼坚辞不受。英宗不高兴，说：“这些东西又不值什么钱，你为什么要推辞？”富弼回答：“东西虽然很微薄，但关键是额外所赐。我要是不谢绝，万一将来皇上做出什么例外的事来，我凭什么劝谏呢？”最终还是不受。

辽国皇帝说："南朝既然给我们增加了岁币，措辞应当用'献'。"富弼就是事儿多，不同意："南朝是兄长，哪里有哥哥向弟弟'献'币的说法？""那就用'纳'字。"富弼仍然不同意。辽国皇帝认为富弼的坚持莫名其妙，"你们大把的钱都给了，一个字还坚持什么劲！"富弼回了句："是啊，你们大把的钱都收了，一个字还坚持什么劲！"

辽国皇帝再次搬出国家的法宝："我要发兵搞你们。"富弼说："胜负不可预料，三思啊。"辽国皇帝说："'献'是古已有之的。"富弼承认："当初唐高祖向突厥借兵，当时的馈赠有时称为'献'。可唐太宗后来活捉突厥首领古也有之，难道也让我们活捉您一次？"辽人耍嘴皮子肯定不如宋人，只好收了宋人的钱，富弼胜利还朝。

向历史借智慧

克服恐惧的法宝：无欲则刚

人常有的心理是：对强大的事物心怀恐惧，在未知的事情前畏缩不前。这时候，最好的态度就是：无欲无求——大不了我白忙一场，什么好处我都不想，事情还能坏到哪里去呢？这正是老子说的：及吾无身，吾有何患（我连命都不要了，你还能拿我怎么样）？

狄青之死

狄青参军是因为他哥。他哥是个小流氓，和人打架把人家给打残了，狄青替兄受过，脸上刺字，充军边疆。当时，正是西夏闹腾的时候，范仲淹镇守延州（延安），狄青因作战勇猛，屡次受范仲淹提拔。在一次战役中，西夏军突然见到宋军阵营中出现了一个脸戴面具、披头散发，手执三尺长剑的家伙。正在发愣的时候，这家伙已率领同类冲进战营，西夏军一败涂地。

这个家伙就是狄青，在之后的四年中，狄青戴着面具参加了二十五次战役，身中八箭，为大宋立下了赫赫战功。

宋仁宗得知边疆居然有这样一员勇将后，就叫人从战场画了一幅狄青的画回来，每日观赏。后来狄青回到开封，仁宗见他脸上有字，让他清洗。狄青说，陛下看的是我的功劳，而不是面相，我希望用它来激励那些士兵，让他们知道，在大宋，犯人也能做出事业来。

宋仁宗的赏识加上狄青的努力，很快就使狄青成为陆军副司

名臣风骨

狄青的儿子

狄青的儿子狄咏是带刀侍卫，并且是个美男子。仁宗皇帝给一位公主选女婿，选来选去都不满意，有人问仁宗，到底想要个什么样的。仁宗回答："就像狄咏那样的。"

令（枢密副使）。在副司令任上刚三个月，广西土著侬智高造反。狄青领军讨伐。

到达目的地后，狄青先“讨伐”内部。他先把不听号令的几员将领砍头，军威大振。接着是迷惑侬智高。他让部队休息十天，在这十天时间内大摆宴席三天，将士们每天都喝得人事不省。侬智高还真以为狄青是个饭桶，跑到前线吃喝来了。狄青却在暗中调兵遣将。

一切准备就绪后，狄青突然摔碎酒罐，命令部队集合。为了让士兵们相信胜利没有悬念，他把魔术道具——一枚两面均相同的铜钱——拿出来，对他的士兵说，如果这枚铜钱得正面，我军必胜。如果得反面，那咱们赶紧回开封。结果连掷数次，都得正面。既然是老天的意思，将士们没有理由不振奋。结果可想而知，侬智高被打得落花流水，狼狈而逃，都没有脸东山重起了。

狄青回中央后，升为国防部长兼总司令（枢密使）。注意，这是大宋多年以来第一次由军人担当此职。

出于爱国心，文臣们都认为军队一把手不该由军人担任。仁宗皇帝不为所动，但狄青有所动。因为当初很多文臣都夸赞他，

庙堂真相

有军队才有富贵

宋朝富裕繁荣，宽容开放，令人向往，但轻视武功，军队很弱。明成祖朱棣曾有总结：自古国家盛衰存亡，都与军事力量密切相关。宋初时将勇兵强，四海晏然；到了子孙辈，武备不修，从而海内分裂，终致亡国……我自即位以来，夜夜心惊，生怕重蹈宋、元的错误。好好练兵，修饬武备，是军人的责任，也是能不能永葆富贵的关键所在。

推举他，视他为大宋的骄傲。可一转眼，这些人怎么就翻脸无情了呢？

时常夸赞狄青的宰相庞籍对仁宗说，以前武将曹彬立了大功，也只是赏他些金银土地，并没有提拔官职。现在狄青被提拔到这么高的位置，显然是违背了太祖立国以来防制武人的基本国策，长此以往，怕是五代历史又要重演了。这些话传到狄青耳朵里，狄青也怕呀，于是请求仁宗免去他的职务，还让他做副司令，到边疆去打仗。宋仁宗不置可否。

这时连推荐狄青做总司令的欧阳修，也痛悔自己的愚蠢，要求罢免狄青。仁宗的态度很暧昧。这些人开始使用旁门左道，不久后，流言四起。“有人”说狄青家的狗头正长角，这是违反生物规律的，说明狄青想篡位。

“有人”说狄青家中发出奇怪的光，这是凶兆，代表狄青要谋反。

跟着“有人”说，是呀，是呀，并举出更多可疑的征兆。

狄青五内俱焚，不知如何是好。

按文臣的看法，不撤狄青，赵家祖宗全要诈尸。既然这么多

社会风情

奉旨填词柳三变

柳永，原名三变，又称柳七。好作艳词，为正派人士所不屑。柳永有词“忍把浮名，换了浅斟低唱”，据说仁宗对此很不满，批了句“且去填词”，柳永因而不得中科举，遂出入娼馆酒楼，自号“奉旨填词柳三变”。但妓女们很尊重他，抢着跟他交往，柳永去世后，每年清明节，歌妓们相约给柳永扫坟，称之为“吊柳七”或“吊柳会”，成了青楼的一大节日。柳词传播极广，人称有井水处即有柳词。

有学问的人说得这么可怕，宋仁宗也没主意了，只好把狄青派去外地做官，让他离开了京师。

狄青出了茅坑，恶臭依然跟随着他。宋仁宗经常会派人去看他在做什么，狄青没有兵，是否在撒豆成兵，半个月一次，狄青被吓得得了恐惧症。

四十九岁那年，狄青因忧惧过度而去世，死后，无论是狄青还是那些文臣，都松了一口气。

向历史借智慧

不敢起用人才的企业必将慢慢死去

"一朝被蛇咬，十年怕井绳。"不是大宋人胆儿小，而是历史上军阀乱政的教训太深刻。这种心理积累下来，后果就是一方面朝中无大将、恐辽恐得睡不好觉，一方面放着狄青这样的好干部不敢放手使用。这样下去，自然是只有退步没有进步。

"濮议之争"

宋仁宗经过十几年的床上实践最终得出结论：自己命该无子。二十六岁时，他把哥哥濮王赵允让的一个儿子要过来，充当自己的儿子。这个儿子就是宋英宗。

公元1063年，宋仁宗去世，宋英宗即位。边疆大事先放一边，如何称呼亲爹的问题，成为朝廷舆论的中心话题。

大臣王珪认为，皇上应该称亲爹为皇大爷（皇伯），称干爹宋仁宗为皇爹（皇考）。

宰相欧阳修则认为，亲爹就是亲爹，干爹就是干爹，不能更改。

宋英宗把这两种意见提交百官讨论。让宋英宗惊讶的是，很多大臣都不让他认亲爹。和欧阳修在同一战壕的韩琦，对百官有这样的反应大感震惊。倘若一个人连亲爹都不认了，那跟畜生有什么分别。

但反对者们也有自己的理论，司马光就说：只有皇帝的儿子才可以成为皇帝，英宗原本是没有这个资格的，是因为他认了仁

庙堂真相

最不得清静的皇帝

1063年，英宗即位。宋英宗堪称大宋历史上最不得清静的皇帝了，在位不过四年，一上台就被群臣来了个"濮议之争"，争了三年，弄得人人都不愉快。

宗做爹，所以现在才能成为皇帝；从皇位继承的合法性来说，必须把干爹当亲爹，把亲爹当干爹——这话是够绕的，不过人家说的也不是完全没道理。

朝臣们立即把这当成自女娲补天以来最大的事，好像如果不分出高低，必将天塌地陷。

监察院官员贾黯身体一直不好，英宗劝其在家养病。他让人抬着行将就木的自己去上朝，在朝堂上，一听到这么个大事，如同打了鸡血一样，两眼放光，精神亢奋。临死前他留下遗书，请英宗千万要称干爹为亲爹。很可能也告诉了他的儿子，“干爹变作亲爹日，家祭无忘告乃翁”。他的一位同事蔡伉身体很好，也有一副好歌喉，在面见英宗时，长跪于地如同死了亲爹一样，哭得声震屋瓦，仿佛雷公转世。他说：干爹还是亲爹的叫法，关系到国家兴亡。英宗被他哭得六神无主，跟他同归于尽的心都有了。

大臣们拼了老命一样的哭闹惊动了英宗的干妈曹太后，曹太后知书达理，自然也知道英宗如果真的把亲爹叫作亲爹，她太后的名号也必须更改。可曹太后太理解人了，于是，她下了一道诏书，让英宗称亲爹为爹。

庙堂真相

大宗小宗

举例：一个地主娶了两个老婆，大老婆生的第一个儿子有资格继承他的一切，第二个儿子就没有权利。而小老婆即使生下一条龙，也没有任何继承资格。这就是嫡长制。大老婆的第一个孩子是大宗，其他的孩子和小老婆生的孩子全是小宗。但这个继承一切的男人没有后代，该怎么办呢，他就要去他兄弟那里领养一个“儿子”，这个儿子长大后，他就可以把一切都交给这个儿子。现在，英宗就是这个被领养的儿子。

衮衮诸公，竟不如一个女人识相，这实在可悲又可恨。

皇家内部现在是统一意见了，可百官们分成两派，还争个没完，且大有势不两立的劲头。英宗觉得再争下去也累了，就下令将反对派中哭得最凶狠的吕诲等三人贬出京城。要知道，仁义是大宋皇帝一贯的美德，吩咐将他们赶出去的同时，英宗又特地交代：“别把他们搞得太狠。”接着宣布：亲爹就是亲爹。不能因为做了皇帝就连亲爹也不能认了。

反对派的人感觉如雷轰顶，有人听到这个消息后，就在家号啕大哭；司马光领着一群人以辞职作为要挟；英宗做太子时的老师现在也跳出来不让他认亲爹。

后来，在欧阳修和韩琦的支持下，在曹太后的周旋下，英宗使尽了各种手段，最终平息了这件事。英宗做皇帝，不过四年而已，而彻底平息这件事却花了三年时间。

向历史借智慧

认死理的人真可怕

因为做了皇帝，亲爹不是爹，干爹才是爹，这事儿，真是够邪门的！但“存在即合理”，荒谬的背后，一定有一条一以贯之的逻辑，而且这逻辑平时大家都觉得对，都遵守得好好的，但突然有一天，遇上了特殊事件，顿时显出了僵硬可笑的一面。这样的事情在生活中太多了，大到户口、身份证问题，小到在财务科报销一顿饭钱……只能感慨：活着可真不容易，就算做了皇帝，也这么不自在。

学习笔记

第三章　变法与反变法

宋朝经过了真宗和仁宗两任皇帝的和平岁月后，暗藏的危机也渐渐显露了出来。因为政府有困难，所以才有人想到要改革。改革的主角就是新上任的皇帝宋神宗，还有新上任的副宰相（参知政事）王安石。

王安石变法是北宋乃至中国历史上的一件大事，其功过是非，到今天都还争论未定。自宋神宗起用王安石变法，这段历史就成了变法派（新党）与反变法派（旧党）短兵相接的争斗史。

变法从 1069 年开始，断断续续地，到 1085 年宋神宗去世，变法宣告失败。从此，宋朝就在安逸的生活中，彻底丧失了向上努力的意志。

苏轼装糊涂

公元1057年，意气风发的苏轼来到京城参加考试。这次的主考官是一代大儒欧阳修，他已经打定主意在他主导的这一科里，为国家挑选一批有真才实学的人。

当时的苏轼当然不知道这些，只是按照自己一贯的风格答卷、交卷，考完了就四处逛逛，等待放榜。在判卷中，欧阳修发现一份卷子文采斐然，内容充实，文风很像自己的门生曾巩的，为了避嫌，他便把这份考卷取为第二名。然而到了放榜之日，他才发现自己搞错了，这不是曾巩，而是个陌生的年轻人，他就是苏轼。

考中的进士，按照习惯都要拜访主考官员，苏轼自然也去拜访了欧阳修。欧阳修跟他坦白了这件事情的经过，并向他表示歉意。想不到苏轼却毫不介意，这让欧阳修更加赏识他，认为以他这样的修养和才华，应该放在榜的最上面，也就是"出榜于人头地"才是。

之后，宾主开始了一番自由的畅谈，谈到最后，欧阳修想起

社会风情

唐宋八大家

欧阳修、苏轼，都是历史上有名的大文人，又同属于公认的"唐宋八大家"之列，其他几人分别是韩愈、柳宗元、王安石、曾巩、苏洵、苏辙。这八大家的文章写得好不奇怪，值得注意的是，他们当中几乎人人都做过官，绝大部分都担任过不低于相当于今天的市长的官职，像王安石做过宰相，欧阳修也算是准宰相。这样的事情在古代"学而优则仕"的时代，可不少见。

了一个在他脑子里盘桓了很久的问题。他问苏轼，在你的试卷里有这么一句话：“当尧治理天下的时候，皋陶为法官。有一次，针对一批犯了罪的人，皋陶说，应该杀了他们，并且多次坚持自己的观点。然而尧却说应该宽宥他们，同样，尧也多次坚持自己的观点。所以，天下人敬畏皋陶的执法严明，而喜欢尧的慈悲胸怀——当尧之时，皋陶为士。将杀人，皋陶曰‘杀之’三，尧曰‘宥之’三。这是出自哪本典籍呀，我怎么没有见到过？”

作为文坛宗主的大文豪欧阳修如此坦诚，搞得苏轼很惭愧，他很不好意思地说：“当时顺手就写出来了，是我想当然的，没有什么典故。”欧阳修大笑道：“难怪我没有见过。”于是，欧阳修更欣赏苏轼的敏捷与机智。

苏轼可不是个信口胡说的人，他难道真是随便那么一忽悠？

实际上，这个典故出自《曲礼》：传统上，特权阶级是不受“宫刑”的，但有的法官不开窍。一个贵族犯了罪，该受宫刑，法官对国王说，要执行刑罚。国王说，饶了他吧；法官说不行。国王再说，饶了他吧；法官说，不行。你来我往很多次，最终，国王让步了（公族无宫刑，狱成，有司谳于公……公曰宥之。有司又

名臣风骨

六一居士欧阳修

欧阳修晚年自号“六一居士”。有人问什么是“六一”，欧阳修说：“家有藏书一万卷，集录三代以来金石遗文一千卷，有琴一张，棋一局，还常置酒一壶。”客人又问：“那也不过只有五一呀？”欧阳修说：“再加上我这个醉老头子，不正好是六一吗？”

曰在辟，公又曰宥之。有司又曰在辟，及三宥不对，走出，致刑于甸人）。

在当时的情况下，饱览群书的欧阳修一时间没想起这个典故来，苏轼自然也就不敢直接指出它出自《曲礼》。所以，他才回答说是自己随便编出来的，为的是不让主考官难堪。可见，后人说苏轼这个人有一说一，也是不对的。苏轼也有装糊涂的时候。

向历史借智慧

成熟的谷穗低着头

为了不让欧阳修难堪，苏轼适度地撒一些小谎，这样既表现了他对欧阳修的理解和尊重，同时也体现了他的谦和。这样的人欧阳修能不喜欢吗？寓言故事讲：成熟的谷穗因为谷粒饱满，所以总是低着头的；而不成熟的或者长得不好的谷穗，反而是昂着头，一副把谁也不放在眼里的派头。这正很好地阐释了谦和是种美德。年轻时，年轻气盛是自然而然的，但也容易因此得罪人，这时，不妨学学苏轼吧。

王安石出马

宋神宗是虽长在深宫，却有着远见卓识的皇帝，历朝历代如他这样的皇帝，屈指可数。一登帝位，他就仿佛看到一个老太太正走在乍暖还寒天的冰上，老太太就是他的国家——大宋。在他的时代，政府公务员比蟑螂繁殖还要迅猛，纳税人的钱财入国库，就被公务员以拿工资的形式领走。天文数字的军费养着宇宙中最庞大最饭桶的士兵，于是就有了每年都要送给辽国和西夏数额庞大的“救济款”的情况。

“必须拯救大宋！”神宗皇帝这样想。但前提是得找到合适的出主意的人，他的秘书推荐了王安石。神宗皇帝对王安石早有耳闻，此人常傲然立于众人面前，有澄清天下之志。但在仁宗朝，王安石曾几次三番五次不屑朝廷的任命，婉拒皇帝的邀请。王安石这时正在地方上任职，神宗皇帝邀请他来中央，也被他婉拒了，理由是，正生着病呢，不宜远行。神宗皇帝兴奋异常，坚信王安石必是栋梁之材。

庙堂真相

神宗是个好学生

神宗皇帝爱读书，知识渊博，并且热爱思考，有时听皇家教师讲课，听着听着就会问出很刁钻的问题来。苏辙曾经就说过：我每回给神宗讲课，都会出一身汗。给这样有见地的学生上课，可真是不容易。

王安石还未到，有人已未卜先知。宰相秘书吴奎说：“我和王安石曾是同事，他刚愎自用，喜欢吹牛，若被重用，恐怕祸乱朝政。”神宗皇帝不为所动，三朝元老宰相韩琦见神宗皇帝固执，就以辞职相要挟，结果，要挟没有成功，辞职却马到成功。临走前，神宗皇帝假惺惺地说：“你非要走，我也没有办法。你去后，谁适合坐你的位置？”韩琦懊恼：“陛下已有人选，何必问我。”神宗皇帝给了他一张老脸：“王安石如何？”韩琦无可奈何：“王安石学问有余，若做辅佐之臣，器量不足。”一阵耳旁风吹过，神宗皇帝让韩琦赶紧去办辞职手续。

在神宗皇帝的保护下，王安石冲破各种障碍顺利进入中央。神宗皇帝问他治国之道，君臣二人畅谈起来，这种温暖，足够让洛阳的牡丹花慢慢开放，也足够让仇人彼此相爱。

神宗皇帝欲富国强兵，不做娘们儿，王安石指出了富国强兵的唯一途径——变法。

王安石的变法主张主要有这样几条：在富国上，开垦国内的废田（农田水利法）；只要户口是大宋的就必须交规定的税，对全国耕地，重新评估，依照肥沃贫瘠，分为五等，肥沃的耕地赋

野史秘闻

生求速死与死愿托生

王安石做宰相时，大权在手。马屁精众星拱之。有个叫程师孟的奉承王安石文章千古第一，希望王安石能为他写篇墓志铭（人死后才需要墓志铭）。王安石死了儿子，有个叫张安国的跑到棺材前大哭，希望能投胎做王安石的儿子。当时人就为两人编出一副对联：程师孟生求速死，张安国死愿托生。

税多，贫瘠的耕地赋税等差减少（方田法）；农民种地可获得贷款，清查漏税耕地和整理田赋。那时的地主兼并贫农耕地后，往往隐没田籍，不缴纳赋税。王安石对全国耕地，加以清查，结果清查出三百六十万亩之多（青苗免役法）；繁荣市场（市易均输法）。在强兵上，淘汰废物，训练精锐，创办民兵（保甲保马法）。新法一出台，很多大臣都认为世界末日到了。副宰相（参政）唐介在朝堂上就说新法必不可行，王安石说必可行。唐介嘴巴笨，很快就败在王安石嘴下，神宗皇帝又偏袒王安石，唐副宰相气得死去活来，不久后，又气得后背长出脓包，居然一命呜呼了。

这些人为什么反对新法，我们可以举三个例子说明。比如方田法，很多政府官员都来自土财主世家，这些人把土地归为己有，用廉价的钱雇佣百姓种地，然后把收成分出微小的两份，一份给国家，一份给农民。王安石现在让他们按照土地多少来交税，他们当然不干。

再比如青苗法，农民可以贷款种地，可农民真的拿这钱去种地了吗？贷款利息奇高，贷一千，两个季度后要还一千三百。如果农民还不上怎么办，那公务员的工资怎么办，就没保障了。

社会风情

发展实业之难

王安石变法，对国家经济很重视，千方百计想赚钱。有人提议说，梁山泊水域宽广，可以放干水，种上庄稼，能增加很大一笔收入。王安石很兴奋，可突然问：那梁山泊的水放到哪里去？有人不怀好意地说："好办，只要在梁山泊附近再挖一个和梁山泊一样大小的坑，把水放到那里去！"

又比如保甲保马法，神宗皇帝曾询问前外交部长富弼如何挽救帝国尊严，富弼的回答是：“愿陛下二十年不言兵。”就差说，“愿陛下把军队都解散了吧”。

有这样一群人主持国家，王安石若能把变法进行到底，是无天理的。

可以想见，王安石变法后来失败，这些人真是功不可没。

向历史借智慧

费力不讨好的工作坚决不能做

在错误的地方出现一个正确的人，最常见的结果还是——杯具（悲剧）。指望一两个人来推动一个改革、达成一个大多数人都反对的目标，希望无疑是渺茫的。王安石在做的就是一个费力不讨好的工作。一般来说，这样的工作机会，能避开应尽量避开，人生的时间有限、精力有限，犯不着在一个错误的地方跟它死磕。

“家贼”

王安石变法，该反对的人反对，不该反对他的人也反对。比如他的好朋友吕公弼。吕公弼和其他人不同，他不想把王安石兜头一棒搞死，而是春风化雨，希望王安石能主动坦白变法是亡国灭种的罪行。时间一久，王安石很不高兴。他对吕公弼说：“你兄弟（指宰相吕公著）反对我，我很舒服，因为他够狠，够直接。可你反对，我就老大不高兴。因为你不软不硬，而且我们还是朋友，你若来，就来硬的，别软软的。”

吕公弼险些被王安石的一席话呛了个跟头，他非常不愉快地跟王安石道别，回到家中，越想越生气，就花费了几天时间写了一道奏疏，疏中认为：变法之事已经进行了很久，但效果却未见，现在有必要重新审视变法是否可行，是否应该废除。

这种奏疏在当年，有很多大臣提出来过，吕公弼依旧是老生常谈。但是，奏疏一旦送到皇帝那里，按照成例，就必须经过讨论，讨论的结果肯定是神宗皇帝依然信任王安石，将反对者贬斥。可

名臣风骨

宰相世家

吕公弼家是北宋的一个大家族，父亲吕夷简，是仁宗时的宰相；爷爷做过法院院长，太爷爷叫吕蒙正，是太祖时的宰相；兄弟吕公著也是宰相。吕公弼自己后来也做了宰相。王安石和吕公著本来关系很好，曾经宣称：吕公著不当宰相，天下不太平。后来王安石变法，吕公著反对，王安石又大叫吕公著是奸人。

其间要花费许多精力和时间，于那些反对者而言，他们的时间非常充裕，但王安石没有闲嚼蛆的工夫跟他们扯淡。自然，王安石不希望有吕公弼的奏疏送给皇帝这样的事发生，而这件事也真就没有发生，原因是，有人把吕公弼的奏折提前偷出来交给了王安石。

这个人叫吕嘉问，是吕公弼的孙子，支持变法。王安石在变法开始时，设置了一个新部门叫“制置三司条例司”，即制定户部、度支、盐铁三司条例的专门机构，由他本人和国防部长（知枢密院事）陈升之主持，作为推行新法的指导机构。同时起用了一批有实际才干的新人参与和协助变法。吕嘉问一开始在三司条例司任职，市易法颁布后，他被调到开封所设的机构“市易务”，是变法派的一员得力干将。

这名得力干将是如何把奏疏送到王安石手上的呢？

原来，吕公弼在奏疏写好后，并没有立刻上呈宋神宗，这个人是个慢性子，性格不温不火，这从他反对王安石一事上就能看出。他把奏疏放在家里是想再斟酌一下。吕嘉问一般情况下是不来吕公弼家的，因为两人分属不同派别，一见面，先把亲情放在一边，争论的全是新法问题，一旦争论起来，最终都会不欢而散。

庙堂真相

三旨相公

宋神宗时的宰相王珪，当了十六年宰相，只干了一件事，就是每次把各部门的奏章呈送给皇帝时跪称：“取圣旨。”皇帝批示完了后，王珪再跪接：“领圣旨。”出宫后向有关部门传达时则说：“已得圣旨矣。”为相多年，少有建树，天天围着圣旨转而已，人称“三旨相公”。

但那天，不知什么原因，吕嘉问就来到了爷爷的书房，可爷爷不在，可能到别处去斟酌去了。吕嘉问自然地就看到了那份奏疏。看完后，他大吃一惊，想不到这个爷爷还很“狠毒”，居然深藏不露。他立即把这份奏疏带给了王安石，王安石又飞快地将它带给神宗皇帝。结果就是，对王安石信任百倍的神宗很恼怒，当即把吕公弼调出朝廷，让他到太原做知府去了。

吕公弼在被贬后，还没有明白是怎么回事，后来经多方打探，才知道原来是“家贼”吕嘉问搞鬼。此老儿似乎最恨这样的小偷，尤其还是亲戚，于是宣布吕嘉问为“家贼”，并将其永远开除出吕氏家族。

向历史借智慧

今天的敌人可能是明天的朋友

北伐战争时，张学良带的东北军，跟张发奎率领的广东革命军打得血肉横飞，死伤几十万人，几十年后，两位白发苍苍的张将军，却坐在美国一起喝茶聊天，一笑泯恩仇。所以，也可以说，没有永远的朋友或敌人，昨天关系最不好的两个同学，十年后工作了却是最要好的哥们儿；今天天天龇牙咧嘴的两个同事，以后不在同一个公司了，却可能成为彼此事业上最得力的帮手。

边境线在哪儿

自“澶渊之盟”缔结后，北宋与辽和平了很久。但当一方太强另一方太弱的时候，和平是不可能持久的。公元1075年，辽国派了外交官员萧禧来到大宋，要求重新划定边界。他提出的边界是山西北部的黄嵬山，按他的想法，黄嵬山以北为辽国所有，以南为大宋朝所有。有地图为证，北宋一旦同意契丹人的这个要求，就等于将辽国的边境线向南推进了三十多里。宋神宗和他的那些大臣不知道黄嵬山在哪里，可看到萧禧那副德行，就知道这个边境线肯定有问题。

宋人的传统是，一遇事，皇帝和大臣同时团团转。神宗皇帝转疲惫后，叫人去通知地方上的那批老臣，包括前任宰相韩琦、前任宰相曾公亮和外交部长富弼。神宗认为，这些人都和辽人打过多年交道，希望他们能老马识途，指条明路。

韩琦先给神宗写信说：“咱们精简军队，辽人认为咱们要出兵；咱们在边界种那么多树，辽人以为咱们是针对他们的骑兵；咱们

野史秘闻

沈括家的狠婆娘

沈括晚年娶了个悍妇，经常把沈括打得头破血流，最厉害的一次，居然把沈括的胡子连肉一起拔下，沈括的几个孙子满地为他找血淋淋的胡子。悍妇死后，朋友们都来为他庆贺，沈括居然哭得死去活来，昏迷不醒。自此后，沈括变得精神恍惚，有一次乘船，突然就要跳下去自杀。

在边界大修堡垒，辽人以为咱们要撕毁友好条约。所以辽人来是注定的，因为是咱们给了人家很多暗示。现在有一个计策，跟辽人说咱们没有非分之想，必要时可拿出实际行动证明。”说到这里，他话锋一转：“皇上应该举贤能（韩琦）退小人（王安石），让天下人心服。”最后才谈到正题：“边境线到底在哪儿，我不知道。但皇上不能轻启战端，他日富强了，辽人再如此胡闹，我们就收复疆土，以慰祖宗。”接着，富弼和曾公亮也给神宗写了信，调调是惊人的一致：都希望神宗举贤能，不要再和王安石这样的小人混在一起；都希望神宗不要得罪契丹人；都不知道边境线问题。

宋人不能和契丹人动武，只能讲理，但不知道边境线到底在哪里，就没法和契丹人讲理。在宋神宗心急火燎时，有人推荐了负责起草诏令的沈括。沈括是中国历史上伟大的科学家，他曾在著作《梦溪笔谈》中谈到石油，说这个东西将来肯定是人人疯抢的黑黄金；同时，他还是个地理学家。

沈括把自己的著作《大宋天下郡守地图》展开给萧禧看，并指出，当初两国按“澶渊之盟”划分边界，边界是白沟河，白沟河以北为辽国领土，以南为大宋领土，而黄嵬山在白沟河以南，

名臣风骨

法律的本意

宋人马亮在潭州做行政长官，辖区内有一亡命天涯的人，到处抢劫，被乡下人齐心合力抓住杀掉了。按法律，应该有四人被处决，但马亮将他们放了。理由是：“能为民除害，而让他们犯死罪，这可不是制定法律的本意。”

是大宋的领土，不是辽国的领土。这一看图说话的方式让萧禧狼狈至极，因为他两手空空，没有自己的地图，更不知道黄嵬山的准确方位，在证据面前，他狼狈地回国了。

不久，沈括奉命出使辽国，确定两国国界的问题，辽国人作了充足的准备，画了几十张地图，试图让沈括找不到北。沈括在众多地图面前的确有点蒙，但更让辽人蒙的是，沈括像变魔术一样拿出了木制的宋朝地形模型，从平面到立体都有，辽人不要脸的本事无法施展，只好放弃了对边境线的要求。沈括回国后，宋神宗大为欢欣，于是就送给了那几只“老马”一句话：“不考本末，谈什么国事！”

向历史借智慧

一屋不扫，何以扫天下

东汉名士陈蕃，年轻时自命不凡，一心只想干大事业，旁人要是劝他打扫一下住的地方，他就说，大丈夫要做的是治国平天下的事业，哪能做打扫屋子这种小事呢？有人反问他：一间屋子都治理不好，你拿什么去治理天下？这就是“一屋不扫，何以扫天下”的故事。在边境线问题上，宋朝政府的高官们都跟陈蕃一样，只会动动嘴皮子、讲讲大道理，处理实际事务一点招也没有，幸亏还有一个精通业务的沈括，有地图有真相，才让辽人的阴谋诡计不能得逞。

《流民图》

王安石变法不但得罪了保守派，还惹得“苍天震怒”。京东、河北频起怪风，陕西华山出现无名天坑，蝗虫肆虐中原，致使农民颗粒无收……反对派认为，这是一个借老天之手搞掉王安石的绝好机会。其中就有一个在地方法院任职的小官员郑侠。

因为官职太低，郑侠的检举信就如同皮球，扔到中央相关部门马上就弹回来了。于是，郑侠改变策略，他谎称检举信是紧急边报，既然是军事情报，按宋朝的法律，他的检举信很快就送到了宋神宗手中。郑侠在信中指出：“蝗灾大作，天下大旱，田地颗粒无收，百姓流离失所，已经出离了愤怒。政府人员（王安石等一干人）居然还在这大火上扔火药，辽又落井下石，跑来要求重新索要土地，这是执政大臣（王安石）多行不义造成的。”最后，他居然用命来赌博：“请皇上把新法全都取消，我敢用脑袋担保，十日内必有大雨来。”

神宗对郑侠的脑袋不感兴趣，因为反对新法的人太多了，要

名臣风骨

司马光

司马光（1019—1086 年）和王安石曾经也是相当好的朋友，但因为变法的事，成了死对头。司马光是道德楷模，为人正直，即使两人闹翻后，王安石仍然表扬他是“君子人也”。1071 年，司马光被赶出朝廷，待在洛阳十五年，完成了一部巨著《资治通鉴》，这部书成为中国历史上最重要的一部史书。1086 年，司马光、王安石先后去世。

砍脑袋也还轮不到他郑侠。倒是奏疏中夹带的一张图，让神宗提起了精神。这是一张《流民图》，上面所绘都是流民惨状，有的因寒冷而号叫，有的因饥饿而大哭，有的正在吃草根，有的在卖儿卖女，有的身戴枷锁，旁边就是举着鞭子的禽兽官吏，凶暴的样子让神宗冷汗直流。

神宗原本是想通过变法让百姓的生活质量得到提高，但现在他发现，百姓居然生活在地狱里。这可怎么办？实际上，这很可能不是一幅写实画，而是一幅经过了多次艺术加工的人物素描。但正如虚幻的鬼可以吓到人一样，宋神宗也被这幅画所反映的情况吓着了。第二天，宋神宗就下令暂停推行青苗法、免役法、方田法、保甲法等十八项法令。

王安石还没有作出反应，郑侠就蹬鼻子上脸，请求宋神宗把王安石踢出京城，并且还用脑袋打赌："王安石一走，十日内必有大雨。""气象员"郑侠这种视死如归的精神得到了他的同志们的拥护，宋神宗没有表态，可王安石知道，宋神宗已经开始对郑侠的脑袋感兴趣了。一个月后，王安石离开都城，出任江宁府（今江苏南京）知府。

名臣风骨

免贵姓王名安石

王安石被罢相后定居南京，每天穿着粗布衣服散步，一天碰到一群半吊子的文人谈文史，王安石坐下来听，那群人讥讽王安石，问："老头，你也认字？知书否？"王安石答："略懂。"众人笑："你尊姓大名啊？"王安石答："免贵姓王，名安石。"一群人顿时面红耳赤。

郑侠这一次玩得很爽，曾经有多少人想把王安石赶走，都没成功，他拿着脑袋赌博一出马就得偿所愿。他飘了起来，很快，又对王安石的同志进行攻击。

他弹劾王安石指定的宰相吕惠卿，在郑侠眼中，吕惠卿这个人是纯粹的小人，奸诈，与王安石搞朋党，他建议神宗罢黜吕惠卿。同时，他再度施展绘画才能，画了唐朝魏徵、姚崇、宋璟与李林甫、卢杞等人的画像，分为两幅。明示朝中王安石的同志与他郑侠的同志正邪不两立。

吕惠卿与王安石最大的不同是，对人身攻击非常敏感。他震怒了，反击手段相当毒辣。他对神宗皇帝说，郑侠的奏章中有关于皇宫之内有人披甲上殿大骂宋神宗的事情，涉嫌攻击皇上。

宋神宗勃然大怒，下令交御史台审理。

很快，郑侠被投进牢狱，遭受了严刑拷打。郑侠是个典型的蚊子派，嘴巴很硬，身体却脆弱，他受不了拷打，供出了一大堆无辜的人，这些人全部被逮捕入狱。

宋神宗想不到会有这么多人，急忙收网，把郑侠发配到广东，其他一些反对变法、被郑侠拖进来的人，也被踢出了京城。

社会风情

择婿车

宋代文人地位高，士子一旦高中，便可前程似锦，状元尤其抢手。所以每逢科举考试揭晓那天，达官贵人一大早便出动“择婿车”，到发榜地等待，只要是榜上有名的，抢到哪个算哪个——抢回家做女婿。宋神宗时，蔡卞中进士，王安石就抢了蔡卞做自己的女婿。

一直到宋哲宗即位，大赦天下时，郑气象员才回到京城。在他的同志们的保举下，担任了一个小官。自此，他再也没有拿脑袋赌博，预报天气的异能也突然消失了。

向历史借智慧

多思考，少评论

人人都知道盲人摸象的故事，但很多人总是忘了其中的道理。盲人摸象之所以会笑话百出，是因为他们都只“看”到了自己看到的那部分真相，对于完整的事实却不了解。郑侠之于王安石变法及中央高层政治活动，就像是盲人摸象。也许，我们今天对于变法的理解，也是盲人摸象的一种。凡事多思考，少评论，才会少犯不必要的错误。

沈括搞苏轼

科学家沈括曾与苏轼共事于大宋国家图书馆，苏轼喜欢交朋友，沈括也巴不得有这样一个大文学家的朋友，于是，二人成了朋友。

王安石变法时，苏轼跳出来反对新法，认为新法的唯一作用就是骚扰百姓，因而被贬到了湖州当太守。湖州在今天的浙江省北部，素有“丝绸之府，鱼米之乡”的美称，在北宋时就有“苏湖熟，天下足”一说。苏轼能被贬到这个经济特区做一把手，实在是神宗皇帝大发慈悲。按宋例，官员在到职后都要向皇帝写到职报告。苏轼到任后就写了《湖州谢上表》，虽然表的前面写了谢谢皇帝，我会努力工作等官样文字，但写到后来，苏轼就有点发牢骚，说自己生不逢时，既然在中央不能担当重任，那就到地方看看是否可以教育小民吧。

神宗皇帝看后没有什么想法，倒是惹急了朝中的政敌章惇、蔡确等。他们认为，苏轼这个人不老实，把你贬到那里是让你享福，

名臣风骨

文艺全能苏东坡

苏轼（1037—1101 年），中国历史上最受老百姓喜爱的文人之一，在诗、词、赋、散文上都有极高的成就，书法和绘画也独创一格，是绝对的全能选手。他年纪轻轻时就中进士，但在仕途上的发展并不顺利，有一回，他摩挲着肚皮问身边的人：知道我这肚子里装的是什么吗？有人回答说是文章，有人回答说是见识，苏轼摇头；又有一人回答，说学士是一肚皮的不合时宜，苏轼哈哈大笑。

你居然还对新法不满，还讥讽朝廷，完全是妄自尊大，请求皇帝对他加以严办。

神宗皇帝英明，没有看出苏轼的谢表中藏了这么多深意，不予追究。但上天注定苏轼不能逃过这一劫。不久后，沈括以特派员身份到下面去考察新法。临走前，神宗对他说，你到浙江后去看看苏轼，我还是很惦念他的。

沈括来到湖州后，老朋友相见，分外高兴。沈括当时就说很久没有见到您的大作了，可否赏我一篇？苏轼立即表示同意，就写了一首诗，里面有“根到九泉无曲处，世间唯有蛰龙知”一句。

沈括拿着苏轼的礼物回到京城后，始终想把苏轼往死里整的御史李定、何正臣、舒亶等人找到沈括，要苏轼的礼物。但这几个人的文字敏感度并不高，看了半天也没看出他们想要的东西来。沈括忽然意识到还有人要搞苏轼，于是自告奋勇琢磨苏轼的那首诗。皇天不负有心人，他真就琢磨出来了。按他的说法，“根到九泉无曲处，世间唯有蛰龙知”这两句诗是在隐刺皇帝：“皇帝如飞龙在天，苏轼却要向九泉之下寻蛰龙，哪里有这样的臣子？”

沈括这一搞，御史李定、何正臣、舒亶一起跳出来，把苏轼

社会风情

北宋的高房价

北宋时首都开封的房价很高。欧阳修在中央工作好多年，始终买不上房子，只能在一条胡同里租房子住。苏轼的弟弟苏辙，参加工作几十年，到七十岁那年也没有在开封买上房子。后来实在熬不住，又不想回老家，只好跑到开封南边一个叫许昌的城市买了个一居室。

的《杭州纪事诗》曲解得神鬼动怒。比如苏轼说“东海若知明主意，应教斥卤变桑田”，他们认定苏轼是在指责兴修水利的这项措施简直一塌糊涂。苏轼说“岂是闻韶忘解味，迩来三月食无盐”，很明显，这是他在讽刺禁止人民卖盐。

最终，这些人认定，苏轼不仅与政策对着干，而且讥讽皇上，罪大恶极，应该处死刑。神宗皇帝在这样的证据面前，没有任何理由袒护苏轼，于是，将苏轼免职逮捕下狱，押送京城交御史台审讯。宋朝的御史台又被称为乌台，于是，这起案件又被称为“乌台诗案”。

苏轼以为自己真完蛋了，就在狱中写了两首绝命诗，绝命诗写得很好。按照规矩，死刑犯的“遗嘱”要先给皇帝看，然后才能交给死刑犯的家人。神宗皇帝看了这两首诗后，赞叹不已，爱才之心顿生，就把苏轼放出来，贬到湖北去做黄州团练副使。

苏轼上任时，为他送行的人寥寥无几，可就在这很少的人中，居然有沈括。沈括就仿佛什么事都没发生过一样，对苏轼嘘寒问暖，并祝他一路顺风。

这还不算完，后来沈括不做官了，到镇江养老，恰好苏轼又

野史秘闻

东坡毒舌

有个叫郭祥正的人路过杭州，把自己写的诗拿去请教苏东坡，他把诗朗诵了一遍，声震林木。读完后，对苏东坡说：“这首诗有分量吗？”苏东坡说：“有十分。”郭祥正非常高兴。苏东坡接着又慢慢说：“诗本身有三成分量，朗读有七成分量。”郭祥正听后，又羞又恼。

到了杭州任职，沈括隔一段时间就从镇江跑到杭州去跟苏轼聊天，每次都恭恭敬敬、礼数周全。苏轼想骂，却无从下口。因为沈括这样的人根本就不会知道苏轼想要骂他。

向历史借智慧

不怕贼偷，就怕贼惦记

“政治”是个危险活，好处越多的地方，竞争越激烈，当时宋朝的中央政府，个个官员都要站队，新党或者旧党，站哪一边都有风险。苏轼本来已经被贬出中央政府了，本以为离开了斗争旋涡，发发牢骚也没人管，谁知道还是因为几首诗被整进大牢。这就是俗话说的“不怕贼偷，就怕贼惦记”。只要你有能力，或者身居重要位置，那可都有好多双眼睛在盯着你呢！小心是上策。

快意事一件都不得做

按宋神宗的说法，他当皇帝时没有做过一件快意的事，即使有，也是先快意后郁闷。

他起用王安石变法本是件快意的事，两人都睁着眼睛等待奇迹的发生。奇迹是发生了，却是士大夫们群起而攻之。对变法攻击最厉害的是一个老头文彦博，这个老头伺候过神宗的爸爸和爷爷，年纪很大，所以活得很明白。他指出，王安石变法实际上是把支撑国家的贵族往死里整，尤为重要的是："祖宗（指宋太祖）法制俱在，这么多年来，也没有见到祖宗的法制不好（他老眼昏花没有看到官僚集团膨胀、百姓无立锥之地、国防军成了摆设），如果真的折腾，可能会冷了士大夫们的心。"

宋神宗不忍听闻："士大夫对这场改革可能不爽，但对百姓来说却非常好。"文彦博气冲斗牛，回了一句："陛下请别忘了，您是在同士大夫治天下，而不是与百姓治天下！"这句话还可以这样理解：皇帝你是为士大夫服务还是为人民群众服务？

庙堂真相

笑骂由他笑骂，好官我自为之

邓绾靠巴结王安石而得到重用，同乡们羡慕嫉妒恨，又笑又骂。邓绾很潇洒地一挥手，说出一句名言："笑骂从汝，好官须我为之。"意思是笑骂随便你等，好官职给我得到了就行。王安石当权时，所有人都希望成为王安石的门生，言必提王安石。可当王安石失势后，所有人都否认自己是王安石的门生，谁若提到王安石，大家掩面而走，以为不祥。

宋神宗憋了半天，没有说出话来。

士大夫跟他顶嘴还是小事，有时候，还有官员违抗他的命令。当时，陕西方面对西夏用兵总是失利。神宗皇帝非常恼火，决定抓个典型杀一儆百。和几个宰相讨论后，内定了一名漕运官员，罪名是：不能及时补充粮食，致使官兵饥饿，不能打仗。宰相蔡确奉命去办。

几日后，神宗皇帝在上朝时问蔡确："那小子如何了？"

蔡确立即满脸堆上笑容，说这件事有点棘手。

神宗皇帝很不高兴，答应宽限他几日。

但让蔡确感到棘手的不是时间，而是："祖宗以来，未尝杀过读书人。您是要开先例，我能这么理解吗？"神宗脸色发青，这个先例的确开不得。可是，那小子的确有该杀之处。他指示蔡确，既然不杀，那就打他一顿板子。蔡确说，祖上没有这个先例。神宗憋着满肚子火："那就给我在他脸上刺字，发配到穷山恶水的偏远之地。你听明白了吗？"蔡确明白，大声地说："谢皇上。"还没等神宗站起来要走，副宰相（门下侍郎）章惇站了出来，对神宗说："脸上刺字，还不如杀了他。"神宗气咻咻地问："你

庙堂真相

且去昭州试命一回

宋哲宗亲政后，把反对王安石变法的人都轰出中央，被贬者大多到广西一带。谁罪行大，谁就会被贬到水土最不好的地方。宰相们正在商量应该把刘安世贬到哪里，有人说："刘安世这人命好。"宰相章惇用笔在"昭州"（今广西平乐，宋时，此地和地狱没有两样）上点了一笔说："刘安世命好，且去昭州试命一回。"

什么意思？”章惇引用古文：“士可杀，不可辱！您在他脸上刺字，就等于侮辱他，所以不如杀了他。”神宗被气得死去活来：“朕快意事一件也不得做！”章惇天生机智，立即回道：“如此快意事，不做也好！”

神宗见章惇站在那里如同一把正义之剑，只好默然无语，但不是被说服，而是的确感觉到这些大臣不让他快意。

向历史借智慧

原来人民公仆在这里

新法推行不下去，肯定也有宋神宗和王安石自身的问题，不管做什么事，遇到阻力时也要多检讨检讨自己，比如，是不是改革的条件还不成熟。就像英谚说的：你可以把一匹马赶到河里去，但是你没法要求它还会游泳。这里要说的是，神宗皇帝可真是好脾气，打着灯笼找公仆，原来公仆在这里。像这样受得了下属批评乃至刁难的领导，是真正的好领导，能容纳异见，留得住性情各异的干部，要搁在楚汉争霸时代，说不定当皇帝就没有刘邦的份儿。

血战永乐城

公元1082年，太监李宪领五路大军讨伐西夏，在灵州功败垂成。李宪很不服气，士兵亡魂还在游荡，他又上书请求伐西夏。但神宗皇帝已心灰意冷，决心回到历代祖先们“以和为贵”的退守路线上，从进攻转为防守。不久，边境大将种谔交给了神宗一个“以攻为守”的计划。计划指出，可以在夏州和宥州之间的古乌延城修筑新城，这个新城就是一把利刃，直插进西夏国的核心要冲。在夺取米脂地区后，宋军可从延州、金明砦、青涧城三个方向补给支援，按照这种模式，用不上几年，就能把城市建到西夏国的门口。这是一个大胆的计划，神宗皇帝居然破天荒地同意了。

随后，皇帝顾问（给事中）徐禧和监军李舜举前往夏州和宥州实地视察并准备修建。徐禧到达后，立即改变种谔的计划，决定在米脂西北银、夏、宥三州交界处的永乐埭建城。徐禧的理由是，这里高山大川环绕，地势险峻，易守难攻。徐禧是在木桶里过活的，当然看不到危险。种谔只警告他一条：缺乏水源。一旦被困，

名臣风骨

徐禧曾经文章第一

徐禧（1035—1082年），今江西人。文人出身，但不事科举，好谈兵，以为西北唾手可得，结果大败。苏轼与苏洵在未踏入文坛时，北宋人看得最多的文章就是徐禧的。徐禧死后，他的大舅子黄庭坚吹嘘他说：“文足经邦，武足定难。”

就算不死于箭下，也会被活活渴死。

神宗皇帝不了解现场，只看到徐禧的报告，就同意了他的计划。徐禧干劲十足，调集了二十三万民工，仅用十四天就筑好了永乐城，速度之快，让人惊叹。还有比他更快的，永乐城墙壁未干，西夏军已经兵临城下。

徐禧兴奋不已。他原本是负责修建城池的，城池建完，他就该回京。没有人授予他领兵权，但他自作主张，准备先立一大功再凯旋还朝。

西夏来了三十万人，徐禧不怕，他激动地说："这正是我们立功的机会呀！"有人指出，城小兵少不可守，应该赶紧退保米脂。但无数的事实都证明：如果一个人存心想找死的话，那老天肯定会给他这样的机会。徐禧已听不进任何意见，他决定不撤，登上城池，摆出一个胸有成竹、傲视四方的架势。

西夏军的特种部队是铁鹞子和步跋子。铁鹞子是重甲骑兵，一个骑兵靠他平时的训练和武器可以让一头大象摔倒。步跋子是装甲步兵，这些步兵带着笨重的铁甲却能穿山越岭，健步如飞，十几个这样的步兵同时跋涉，就好比一辆现代装甲车。

庙堂真相

宋朝无名将强兵

在唐朝，一提"节度使"，如洪水猛兽；而在宋朝，"节度使"则是软脚虾。节度使虽然是武官中最高的品级，但权力大大缩水，节度使不能干预驻地以外的政务，动辄受到文官掣肘，而且调动频繁，将不知兵、兵不知将。同时，地方上最精锐的兵力都被抽调到中央，编入禁军。禁军号称八十万，由政府发工资却不用干活。

徐禧先派大宋名将曲珍领三万兵在永乐城下背城列阵，西夏军则渡无定河来攻。有人提示徐禧，趁敌军渡到一半时发动攻击。徐禧昂然捋胡子："王者之师不打没有准备好的敌人。"一如那个被毛主席称为"蠢猪式的仁义道德"者宋襄公。

宋襄公是春秋时期自封的霸主，与楚军在泓水对峙时，楚军不成队形地过河，有人提醒他，趁敌军渡到一半时发动攻击。宋襄公说：王师不鼓不成列。结果，楚军过河，把宋襄公打得大败，他大腿上还中了一箭，狼狈而逃。

宋襄公的故事开始重演了，西夏军一过河，两支特种部队就冲上来和其他部队列阵。徐禧坐在城上，手持长剑和天子御赐的黄旗，大有扫平西夏军的风度。但徐禧是个军事草包，他居然命令宋军的特种部队选锋营（轻骑兵）先冲杀。以往，宋军是先以步兵大阵御敌，待战机适合才以特种部队侧击。结果可想而知，选锋营三次冲阵，西夏军岿然不动，选锋营累了，西夏军的两支特种部队开始反攻了。铁鹞子从侧面夹击选锋营，使其全军覆没。名将曲珍看另外的人马毫无作为，于是退回城中。这时候徐禧急了，开始团团转，西夏先是把城内的水源切断，然后猛烈地攻城。徐

名臣风骨

被苏学士教坏了

司马光字君实，有一个老仆人，一直称呼司马光为"君实秀才"。一次，苏轼来做客，听到仆人的称呼，不禁好笑，戏谑曰："你家主人早已不是秀才，而是宰相了，大家都称他'君实相公'！"老仆大吃一惊，以后见了司马光，都毕恭毕敬地尊称"君实相公"，并高兴地说："幸得大苏学士教导我……"司马光跌足长叹："我家这个老仆，活活被苏学士教坏了！"

禧指挥士兵拼命守住城墙，但还是有倒霉的西夏兵登上城墙被宋军群殴而死。有人劝徐禧率军突围，徐禧双手捶打天空，豪情万丈，誓死不肯。三天后，徐禧渴得七窍生烟，派人去跟西夏人谈判。西夏人让他们归还米脂和兰州，使者的愚蠢震惊西夏：我们能做这样的主吗？

西夏人以为他在耍无赖，把他扣留。晚上，徐禧又喜又惧。喜的是天降大雨，有水喝了；惧的是，城墙浸水。西夏军趁势用特种部队撞城，然后就是进城后的屠杀，那时徐禧等一干人和十几万大军通通奔赴黄泉。拔除了永乐城，西夏家门口安全了。据说宋神宗得到徐禧阵亡的消息后，当众恸哭，几十年的眼泪，全奉献给了永乐城。

向历史借智慧

小心应对自己不擅长的事情

徐禧明明是去主持建筑工作的，但到了兴头上，却把自己当成了喋血沙场的“飞将军”，结果也只好真的喋血沙场了。也可惜了宋朝的一片苦心，宋朝本来就胜仗打得少，徐禧的英雄幻想使宋朝的战败记录又增加了一次。做人，永远不要忘记自己的本分，不要一被夸了几句，就当自己是全能冠军，在自己不擅长的工作面前，一定要保持足够的警惕和清醒。

辽人是不是人

宋哲宗赵煦即位时只有十岁，因为年纪太小，所以祖母高太后帮他执政。

跟小孩子是没法谈论国家大事的，所以大臣们都向高太后负责。当时，在朝堂上，宋哲宗的御座与高太后的座位相对，大臣们向来都是背朝哲宗向高太后报告，报告完毕，也就忘记了背后还有个真正的皇帝。哲宗亲政后谈起这件事情时，恼火地说："当时我的眼中全是人的后背和屁股。"

很多大臣都轻看了这个小孩。他的胸膛里有着熊熊烈火。

每次大臣向他和高太后奏报时，宋哲宗都沉静如井水。有一次，高太后问他："你为什么不发表一下自己的看法？"宋哲宗平静但带着冷气地回道："太后已处理，还要我说什么？"在场的大臣大为骇然。

还有一件事可以证明哲宗心中的确有火焰。他常使用一个旧桌子，高太后令人换掉了，但他又派人搬了回来。高太后问原因，

庙堂真相

一朝天子一朝政

1085 年，宋神宗去世，儿子哲宗即位，他才十岁，祖母高太后执政。高太后一向反对变法，在儿子神宗前就叨唠过好几回王安石的坏话。这一年，她把司马光叫回来主持朝政，不分青红皂白地废除新法。

哲宗答："是爹爹（神宗）用过的。"高太后大为震惊。因为桌子不是桌子，而是宋神宗的桌子。宋哲宗的意思是不能废弃神宗的执政思路。高太后在垂帘时期，把神宗时期的大臣都贬斥到远方，宋哲宗正是用这种方式在把怒火发泄出来。

敢于反抗的人大都异于常人。宋神宗仙去后，辽国派使者来吊唁。作为皇帝，宋哲宗必须直面辽国使者。当时的宰相蔡确考虑到契丹（辽）人的长相很提神，打扮很另类，宋哲宗从来没有见过，担心他会被吓到，于是就在宋哲宗面前详细介绍了契丹人的相貌特征，穿着打扮，言谈举止。蔡确说了很多，但感觉自己的话仿佛是在说给石头听。蔡确就又重新说了一遍，最后他真想直接说，契丹人就是鬼子。然而，小皇帝仍然没有回音。蔡确一咬牙，就想再说说契丹人和大宋这些年来的纠葛史，宋哲宗定定地看着他，严肃得仿佛空气都凝滞了："这个辽人是不是人？"

蔡确很惊讶："当然是人哪。"又补充："只是和我们华夏人不一样。"宋哲宗把目光移开，冷冷地说："既然是人，有什么可害怕的？"

蔡确愣在那里，半天才回过神来。

向历史借智慧

再复杂的问题都能有最简单的答案

大宋的外交史一直比较窝囊，但皇帝的素质整体上还不错。这个小皇帝哲宗就不简单。做了很多年宰相的蔡确，自然要比十来岁的皇帝老到得多，但经验并不是万能的，比如在"定义"辽国人的问题上，千言万语就抵不过一句话：辽人不也是人么！其实，生活再复杂的问题，都可以找到一个最简单的答案，如此，多大的问题顷刻间都可以迎刃而解。

“车盖亭诗案”

初登基时，宋哲宗只有十岁，他的奶奶高太后认为孙子不能处理国事，于是帮他处理。高太后年纪很大，思维也老，所以起用以司马光为首的保守派，打击王安石的变法派。宰相蔡确属于王安石的变法派，而且不肯“弃暗投明”进入保守派。为了拯救变法派，蔡确就造谣说，高太后有废黜哲宗的意思。高太后大怒。如果是假的，因气而怒；如果是真的，因被戳穿而怒。蔡确也不知道是真是假，只是知道自己因此被贬出了朝廷，到陈州去当行政一把手（知州）了，不久，又任安州知州。

有一日，蔡确去当地一个很小的旅游景点车盖亭游玩，写下了十首绝句。这些绝句写得很精彩，但后面发生的故事更精彩。

一、公事无多客亦稀，朱衣小吏不须随。溪潭直上虚亭表，卧展柴桑处士诗。二、纸屏石枕竹方床，手倦抛书午梦长。睡起莞然成独笑，数声渔笛在沧浪。三、满川佳境疏帘外，四面凉风曲槛头。绿野平流来远棹，青天白雨起灵湫。四、静中自足胜炎蒸，

庙堂真相

以言罪人要不得

蔡确被贬的时候，有个叫晁端彦的官员说：蔡确这个人嘛，按他以前做过的事来说，杀了也是可以的，但现在朝廷是以言罪人，限制言论，这就不好了，现在这样做的人，将来后悔都来不及。

入眼兼无俗态憎。何处机心惊白鸟，谁能怒剑逐青蝇。五、风摇熟果时闻落，雨滴余花亦自香。叶底出巢黄口闹，波间逐队小鱼忙。六、来结芳庐向翠微，自持杯酒对清晖。水趋梦泽悠然过，云抱西山冉冉飞。七、溪中自有戈船士，溪上今无佩犊人。病守翛然唯坐啸，白鸥红鹤伴闲身。八、喧豗六月浩无津，行见沙洲冻雨滨。如带溪流何足道，沉沉沧海会扬尘。九、西山仿佛见松筠，日日来看色转新。闻说桃花岩畔石，读书曾有谪仙人。十、矫矫名臣郝甑山，忠言直节上元间。钓台芜没知何处，叹息思公俯碧湾。

这些诗完稿后，蔡确拿去刻印出版了。卫州行政一把手（知州）吴处厚见到后，开始钻研。吴处厚当初在朝中与蔡确发生过小摩擦，耿耿于怀。在这种情况下，他钻研的目的可想而知。

不久，他给高太后写检举信，说蔡确居心不良，有诗为证。

第二首说“睡起莞然成独笑”，吴处厚说，当今朝政清明，四海升平，蔡确独笑什么，可知笑得不怀好意；第五首“叶底出巢黄口闹，波间逐队小鱼忙”，吴处厚说，蔡确把高太后任命的那些大臣比喻成虫子和黄花鱼；第十首“矫矫名臣郝甑山，忠言直节上元间”，吴处厚洞若观火地说，这显然是在讽刺高太后像

庙堂真相

宋朝极少文字狱

宋朝优待文人，宋初国策便是不杀言官，所以其他朝代常见的文字狱在宋朝则很少发生。宋仁宗时有秀才写诗“把断剑门烧栈道，成都别是一乾坤”，这是想在成都建独立王国，是标准的反诗啊！大臣们建议要把此人砍头，宋仁宗大度，不但不杀，还赏了秀才一个司户参军的官职。

武则天那样专权。

蔡确看到这样的解释后，如雷轰顶。他想不到自己借景生情的作品居然蕴含了这么多意义，而且是政治意义。蔡确无法解释，宋人最擅长的是词，他偏要写语言暧昧不明的诗，只能自认倒霉。

朝中有一部分大臣想保蔡确，对解读者吴处厚大加鄙视。

但高太后仍然赏赐解读者，把蔡确贬到新州，又把包括王安石在内的三十余位主持变法改革的人物，列为“奸党”，公告全国。这就是宋朝历史上有名的“车盖亭诗案”。

蔡确被贬新州时，只有一个叫琵琶的爱妾和一只鹦鹉跟随。在新州，每当蔡确呼唤琵琶，只要敲一下小钟，鹦鹉就会跟着呼唤琵琶的名字。不久，琵琶死于瘟疫，从此蔡确再没敲过小钟。有一天，蔡确因事误将小钟击响，鹦鹉闻声，又呼琵琶的名字。蔡确触景生情，大感悲怆，赋诗一首：鹦鹉声犹在，琵琶事已非。堪伤江汉水，同去不同归。

当时的解读者吴处厚不知在何方，如果看到这首诗，不知道他还能解读出什么来。

向历史借智慧

领导要什么，就会有人提供什么

话说清朝有个官员，提倡朴素生活，看到下属穿着好衣服，就是一顿批评，看到下属穿补丁衣服，就大加赞赏。日子久了，穿补丁衣服成为时尚。一个新上任的官员来见他，穿得还不错，领导一看就不高兴；这人解释：现在补丁衣服太贵了，属下我刚上任，实在是买不起。——上有所好，下必甚焉，做领导的如果把投其所好的下属当亲信，迟早会被下属出卖。

苏轼讥程颐

公元1086年，宋哲宗朝的宰相司马光去世。司马光幼时为解救伙伴毁坏过一口缸，这就是我们小学语文课本中有名的“司马光砸缸”的故事。进入政府部门后，司马光先是从事文案工作，王安石变法，他死活不同意，于是被王安石踢出朝廷。这使他有时间编著《资治通鉴》——一部很有名的历史经验书。神宗死后，喜欢老顽固的高太后把司马光请回来，他立即主持了对变法派人士的大规模、大尺度的清理工作，但由于操劳政事太过，身体状况不好，很快就不甘心地离开人间。

司马光死得不是时候，因为当时政府同僚们刚集体参加完一项庆典。消息传来后，所有人都认为该去和老同事告个别，并慰问一下死者的家属，只有皇家教师（崇政殿说书）程颐不赞成。他说：“孔夫子说过，参加完人家的葬礼，这一天里就不能有娱乐活动，哭的那一天不让欢乐。”（子于是日哭，则不歌。）意思是，政府庆典是乐事，可去司马光那里哭，这有违孔夫子的话，

名臣风骨

世间“二程”

程颢和程颐两兄弟，世称“二程”，是北宋著名的学问大家，他们开创的理学学派影响深远。后人往往因为受了宋明理学太多的苦，所以连带着对二程兄弟很没好感。其实兄弟二人的性情是不同的。有个故事说两兄弟去寺庙，程颐见到佛像，作揖而过，程颢则当没看见。有人问缘由，程颢就解释：就算论年龄，佛也就比我大几岁，我向他作个揖算什么。

所以不好。但有人利用逆思维反驳，说：“孔夫子并没有说，欢乐的那一天不让哭。”

这立即使人想到一个笑话。牧师在教堂里对一个正在吸烟的烟鬼说：“祈祷的时候不可以抽烟。”烟鬼问：“那抽烟的时候可以祈祷吗？”牧师很尴尬，只好说：“可以。”

程颐和牧师一样尴尬，可他什么都没说。监察官苏轼在一旁玩幽默：“这都是西汉那个死鬼叔孙通发明的怪礼。”

但程颐无法忍受这样的幽默，因为他是个严肃的人。

程颐对中国人最大的贡献与迫害都是他创造了理学。理学认为，人生应该极度严肃，严肃的目的是让自己成为真圣人。真圣人就是雕像，玩乐和幽默都被视为罪大恶极。宋哲宗十岁时，有一天上课，他折了一枝柳条玩。程老师看到了，绷起脸教训道：“春天时节，万物生长，不应该随便攀摘，那会伤害天地和气。”说得宋哲宗赶紧扔了柳条。

对一个孩子都能做到这样，程颐的严肃劲可想而知。不但严肃，程颐的理性也很扭曲，也就是没有人性。他认为，感情和灵性与最高道德不共戴天，所以他反对任何和感情灵性有关的事物，

社会风情

人生仪礼之婚礼

宋哲宗娶老婆，朝廷准备举行婚姻典礼。可有大臣认为婚姻典礼没有法律规定。宣仁太后说，寻常人家娶个媳妇，还搞得有模有样，咱们皇家怎么就用不得！这件事告诉我们，婚姻典礼至少在宋时还不受到重视，虽然民间已流传许久。

宋词是他经常批判的对象。有人对他吟诗："梦魂惯得无拘束，又踏杨花谢娘桥。"程颐脸色大变说："鬼语，鬼语。"

理学对人性的压抑不止于此。有人问他："寡妇贫苦无依，能不能再嫁？"程颐断然说："绝对不能，有些人怕冻死饿死，才用饥寒作为借口。饿死事小，失节事大。"这句"饿死事小，失节事大"，让宋以后的寡妇都后悔来到世界上。妇女的贞操观念被程颐绑架，可恨的是，没有人来交赎款。

对这样一个人，苏轼敢开那样的玩笑，实在是捅了马蜂窝。司马光尸骨未寒，程颐已经开始对苏轼进行报复。他命学生贾易、朱光庭弹劾苏轼，说他在主持国立图书馆官员考试时，所出的题目是故意诽谤政府。有人站在苏轼一边，有人站在苏轼的对立面，有人看热闹。程颐的报复虽然没有成功，可因为这一事件，保守派在清剿变法派后自己又开始相互撕咬，最终，分成三派。

洛派首领：程颐，洛阳（河南洛阳）人。

蜀派首领：苏轼，眉山（四川眉山）人，属于古蜀地。

朔派首领：刘挚，东光（河北东光）人，属于河朔地区。

三派相互斗——写诗、填词、弹劾，他们都一致认为自己是

社会风情

理学开始禁锢人性

北宋前期，范仲淹的母亲作为寡妇，老公刚挂了没多久，她收拾收拾东西就改嫁了。乡坊邻居风平浪静，没有谁说三道四。但这情况到了理学家程颐那里，就完全变了样。男人娶一百房小老婆都理直气壮；女人一旦守寡，就倒了大霉，不敢再嫁——也嫁不出去，后半生的幸福幻想算彻底绝望了。

在跟小人斗，正义的力量是无穷的，于是，越斗越激烈。宋政府刚把变法人士赶出朝廷，连喘息的时间都没有，又急忙驱赶这三派中失败的小人。高太后实在太累了！

向历史借智慧

对真诚的人真诚，对世故的人世故

看菜下单，看人说话，这是老祖宗们留下的至理名言，就是告诉人们说话时一定要看对象，心里有杆秤，懂得什么该说什么不该说。比如：和盲人说话不要讲五“颜”六“色”，和行动不便的人说话不要讲一路狂“奔”；对兄弟、同事说话可以随意些、亲近点，但对大领导说话一定要客客气气、毕恭毕敬，更不可随便就摆出一副掏心窝子的姿态……也包括，不要和太严肃的人开玩笑，不然人家会记你一辈子。

章惇与苏轼

章惇比苏轼大两岁，在很长一段时间内，他跟苏轼都是好朋友。当时苏轼在凤翔府担任省长秘书（判官），章惇则担任商州县长，两人都是少年进士，同龄人又有共同语言，自然诗酒流连，相处得很好。

他们经常一起出游，据说有一次同游仙潭，对面岩崖高耸，峭壁千尺，而且非常光滑。章惇便对苏轼说：何不到对面岩壁上题字？苏轼一看脚底下，发现只有一座横木搭建的小桥，下边是溪涧，深不可测。苏轼腿脚发软，只敢望天。章惇微微一笑，很平静地走过小桥，卷起衣袖，爬上峭壁，在很高的地方写了“章惇苏轼来游”一行大字，然后面不改色地走回来。苏轼被他吓坏了，半天才抚摸着他的背说，你以后肯定会杀人。“为什么？”章惇很奇怪。苏轼回答说，连自己的性命都不珍惜，怎么会珍惜别人的？

苏轼果然有知人之明。章惇性格豪爽，他虽然是进士出身，却是凭借战功获得升迁的。他曾经打过仗，带兵平定过地方少数

名臣风骨

章惇

章惇敢作敢为，是王安石的接班人。他与苏轼之间的故事很多。两人小时候经常在一起玩耍，有一次，苏轼去找章惇，章惇正躺在床上抚摸肚子。见到苏轼，就把肚子给苏轼看：“你说我这里面都是什么？”苏轼回答：“都是谋反的事。”章惇大笑。后来他支持王安石变法，并以身犯险，在旧党眼中，这就等于是谋反了。

民族的叛乱，很受王安石的器重，而他也积极鼓动变法，加入到变法派的小团体，因此，很快便升迁到了枢密副使，相当于副宰相。

这时候他跟苏轼的关系还很不错，虽然两人政见不同，但他还是经常写信给苏轼，劝他把脾气收一收、改一改。可惜的是，不久政治局势忽然发生变化。宋哲宗即位，高太后主持朝政。她一直记得当年科考后，仁宗皇帝回宫后喜形于色，对她说：我今天为子孙们得到了两个好宰相——这两个好宰相，指的就是苏轼兄弟。因此，她非常器重苏轼兄弟，于是，闲居黄州的苏轼被召回，而弟弟苏辙则被任命为候补宰相（中书舍人），同时司马光等一大批旧党也纷纷复用。有人欢乐有人愁，另一边，王安石被迫回到江陵闲居，章惇被降职。这回，他恨上了苏轼兄弟。

几年后，太后去世，宋哲宗亲政，大力起用新党人物。新党领袖王安石太老了，而且精神状态不好，于是哲宗便任命章惇为宰相。章惇大权在握，就跟当年的旧党大臣们秋后算账。司马光死了，他命人把尸体挖出来，鞭尸泄愤；苏轼被贬到惠州，不久他看到苏轼写的诗里有这么一句，“为报诗人春睡足，道人轻打五更钟”，觉得苏轼的日子过得还是太舒服了，便干脆把他贬到

名臣风骨

黄泉路上遇章惇

苏轼被章惇贬到广东惠州，北方少有得到他的音信，社会上于是传说苏轼已死。几年后，章惇失势，被贬到广东雷州，苏轼则官复原职，回到北方。南昌太守叶祖洽见到苏轼，问道：“社会上传说先生已经去世，怎么至今还在人间游戏呢？”苏轼答：“去黄泉的路上遇到了章惇，于是就返回来了。”

了海南岛；而苏轼的弟弟苏辙，则被贬到了雷州；另一个有名的作家黄庭坚被贬到了惠州……

即便这些人被贬到偏远的地方，章惇还是觉得不满意。苏辙被贬到雷州后，不允许住官家的房子，于是便买了一家民宅居住。章惇硬是从中大做文章，说苏辙是强占民屋，下令地方政府要负些责任，把这种“恶霸劣绅”抓起来绳之以法才对。直到苏辙拿出买房的房契，他才没有得逞。

不过，也是因果报应，几年后，宋徽宗即位，章惇也被贬到了雷州。这下可轮到章惇受罪了，以贬官身份来到雷州，同样不许住官宅，同样只好向老百姓买房子。可不一样的是，当地老百姓记上仇了，对他说，以前我们把房子卖给苏公，因为这事，章丞相差点让我们家破人亡，这回说什么我们也不卖了。搞得章惇特别郁闷。

世界是会变的，风水轮流转，不会总是同一批人在吃香的喝辣的，也不会总是同一批人在忍饥受冻。

向历史借智慧

给别人退路就是给自己退路

李鸿章是近代史上为官最老到的人物之一，在做事给人留余地这一点上，很有一套。“戊戌变法”失败后，李鸿章作为主张维新的人士也受到牵连，慈禧让他追查维新派人士；迫于形势，李鸿章派人挖了康有为家的祖坟，但同时又遣人告诉康有为，请求他的谅解；与各派系人物都保持一定的联系，在政治斗争中并不赶尽杀绝，这是李鸿章能多年不倒的原因之一。很多时候，给别人退路就是给自己退路。

学习笔记

学习笔记

第四章　『靖康之耻』

公元 1100 年，风流皇帝宋徽宗上台。政府高层仍然沉醉在太平盛世的迷梦里，不思进取，很快，积重难返的北宋，就要走上末路了。

在崛起的金人面前，令北宋患恐惧症多年的辽和西夏，都不过是“浮云”。1127 年，“靖康之变”发生，宋徽宗与儿子宋钦宗双双被金军掳走，北宋政权以历史上从未有过的耻辱方式，结束了自己的历程。

徽宗轻佻

公元1100年年初，宋哲宗离开人间，给大宋留下了一个难题：他唯一的儿子多年前就死了，谁来继承皇位？

宋人有这样的爱好，喜欢“兄终弟及”，太祖与太宗就是例子。宋哲宗的兄弟此时有五人，向太后哭着把几名重臣叫来，要求他们在宋哲宗的兄弟里推荐出一人来做皇帝。

宰相章惇最先举出一人：“依照礼法，应该立哲宗皇帝的同母弟简王赵似。”向太后不同意：“现在的皇子都是庶出，彼此之间没有什么分别。”章惇又举出一人：“申王年岁最长，应该立他。”向太后还是不同意：“申王的眼睛都快瞎了，瞎子能成什么事！”

章惇胡子抖动，他很想给这个老太太讲讲历史，历史上有很多瞎子都是很厉害的人，比如五代时期的独眼龙李克用。但现在不是炫耀自己博学多识的时候，他正在脑袋里衡量那三个人，向太后喷出一句来：“立端王最合适。”

庙堂真相

奸党碑

宋徽宗即位后不久，1102年，提拔蔡京为宰相，并大力羞辱旧党，把司马光、文彦博、苏轼等一百二十人定为奸党，立奸党碑，并对这些人的后代子孙进行打击。宋徽宗还发挥他的书法特长，亲笔题字。

章惇大惊，跳了起来大叫：“端王轻佻，不适合做皇帝！”他还想补充一句：“就是立五个人中的其他任何一人，都不可立端王。”向太后脸上的脂粉已经因震怒而纷落，她看定了章惇，慢慢地说：“先帝曾经说过，端王赵佶有福寿相，人又仁孝，有当皇帝的资格。”

这个时候，皇帝的资格是向太后说了算。章惇发现自己就不该来，刚才他这一“自由发言”，明显地拍到马蹄子上了。

向太后明确表态，自然就是一锤定音了。大臣曾布机灵地站出来，连忙对向太后摇尾巴：“章惇刚才的话纯是他个人的意思，之前根本就没有和我们商量。他太独裁了。太后的见识真是我等万万不能及的。”

章惇可以允许别人无脑，但不能允许别人无耻。

他看着曾布的鼻子正要破口大骂，曾布已经先下口为强：“你不想听从太后的安排吗？”

章惇气冲斗牛，更让他七窍生烟的是，其他几个大臣也争先恐后地说：“我们都听从太后的安排。”章惇的怒气突然就被这些人的随声附和挤压得无影无踪了。

社会风情

花石纲

《水浒传》中的青面兽杨志，就是因为丢掉了“花石纲”而被免官，才混到了卖祖传宝刀的地步。“花石纲”，就是专门搜寻奇花异石以满足皇帝喜好的一种运动，宋朝徽宗时独有。“纲”指一个运输团队，往往是十艘船称一“纲”；负责“花石纲”工作的有杭州“造作局”、苏州“应奉局”等。“花石纲”对江南经济和民生危害很大，是一项苛政。

“轻佻”的端王上台，是为宋徽宗。

章惇说宋徽宗“轻佻”，实际上是说他不能自重，做的事都是与正事无关的扯淡事。

宋徽宗是个翩翩少年，聪明英俊，每天都到向太后住处请安，很得向太后的喜欢。他多才多艺，喜欢书法、画画，写词，还经常骑马、射箭、踢足球锻炼身体。做了皇帝后，这些兴趣爱好非但不减，而且变本加厉。他崇尚道教，自称昊天上帝元子，号曰教主道君皇帝，又铸九鼎，建九成宫，在各地立道观。他穷奢极欲，在都城大建宫殿庭院。更为可怕的是，他的审美水平相当高，刚即位时，为了修景灵西宫，他就命人从南方太湖里采来石头四千六百枚。大名鼎鼎的奸臣蔡京，专门跑到浙江一带搜索奇形怪状、色彩斑斓的石头来呈送给皇上，皇上一高兴，就下令全国各地都进贡好石头，越稀奇古怪越好。这件事慢慢发展成一项制度——大宋朝老百姓最有特色的一项“赋税”——江南各地每年都要向皇上进献石头，号曰“花石纲”，并且在苏州设立总局，专门办理这件事，搞得民怨沸腾。

皇帝应该做的事，宋徽宗一件都没有做，皇帝不能做的事，

庙堂真相

天子当享天下富贵

当上皇帝不久的宋徽宗，拿出一些玉制的盘碗杯盏来，问大家：“我打算在国宴上用这些东西，又怕别人觉得太奢华，说三道四。你们认为怎么样？”蔡京马上回答说：“天子本来就应该享受天下的荣华富贵，区区几件玉器算什么？何况是在国宴上使用，完全合情合理。合乎情理的事情，别人说什么也就不必放在心上。”徽宗大喜。

他一件都没有落下。最终，北宋日益地陷进了深渊而不能自救。

据说，在赵佶出生的前一天晚上，他的父亲宋神宗梦见李煜翩翩而来。赵佶出生后，宋神宗总神经兮兮地认为自己的儿子赵佶是李煜转世。或许他只是希望赵佶能有李煜的风流文采，实在让他想不到的是，被李煜灵魂附体的赵佶，居然会阴差阳错地当了皇帝。倘若父子俩在黄泉相见，真不知该说点什么。

向历史借智慧

不要抢在领导之前表态

说是法国大革命时，某天夜里王宫方向响起激烈的枪声，窗外士兵来来往往，伯爵坐在窗前，说："我们胜利了！"别人问他，谁胜利了？国王还是人民？伯爵回答：等明天早上就知道了——可以说，这才是表态学的最高境界，不管是谁胜利了，反正是"我们"胜利了，至于"我们"是谁，等明天事情弄清楚了再说。

宋徽宗的情敌

宋徽宗是个能在情感问题上打破传统的人，他的后宫佳丽无数，却偏偏喜欢名妓李师师。因为职业性质，李师师的男人自然很多。宋徽宗似乎也不太在意，因为他实在太忙，出宫的机会又很少，所以，李师师平时做什么，他也管不来。

正因为如此，宋徽宗的情敌很多，还都是政府官员加才子。比如，周邦彦就是其中一位。

周邦彦很早就是李师师肚皮上的客人，有一天，宋徽宗生病，周邦彦得到这个消息后，立即跑到李师师那里，想钻个时间空当。不料二人正亲热着，宋徽宗突然拖着病体来看望李师师了。周邦彦那个害怕呀，门被堵着了，跳窗也不行，情急间只好藏到桌子底下。宋徽宗带着礼物进来，挑了个橙子，跟师师说："这是新进贡来的，很好吃，我惦念着，给你送一些来。"李师师就接过橙子，亲手剥起来，宋徽宗在一旁微笑地看着，周邦彦憋着气听着。

过了很久，橙子早吃完了，宋徽宗得回宫了，李师师说："天

社会风情

李师师

李师师原本是汴京城内经营染房的王寅的女儿，三岁时父亲把她寄名佛寺，因为大家管佛门弟子叫"师"，所以她就被叫作李师师。四岁那年，她由邻居抚养，渐渐长得眉目如画，通体雪艳，又善解人意，经营妓院的李媪将她收养，并延师教读，又训练歌舞技，十三岁那年就以青倌人的姿态，挂牌迎客。她最擅长的是小唱，等到宋徽宗时期，她的小唱在东京已经独占鳌头，名盛一时。

这么晚，夜凉如水，您就住在这里吧。”这是假客气，如同客人家房子着火着急走，我们总还要说一句：“慢走哇。”宋徽宗因为生病，身体虚弱，住在这里也是浪费，就走了。这桌子底下趴着的周邦彦呢，趴得是够辛苦的，不过倒趴出灵感来了，第二天就写了一首词。这首词写得相当好。

“并刀如水，吴盐胜雪，纤指破新橙。锦幄初温，兽香不断，相对坐调笙。低声问：向谁行宿？城上已三更，马滑霜浓，不如休去，直是少人行。”

周邦彦把词给李师师看，李师师很喜欢，有一天就唱给了宋徽宗听。宋徽宗听到最后，发现这就是那天的情景。他知道李师师没有这样的本事，就问：“谁写的？”

李师师脱口就把作者告诉了宋徽宗。宋徽宗大怒，不是因为周邦彦窃听，而是因为周邦彦这小子居然是自己的情敌！

于是，周邦彦被贬了职。

不久后，周邦彦给李师师写信，撒娇说外地太艰苦，希望李师师有机会跟宋徽宗说说，把自己调回开封。李师师真就跟宋徽宗求情了，宋徽宗倒也大度，居然真的就把周邦彦调回了京城。

庙堂真相

风流天子

徽宗是书法高手，独创瘦金体，挺拔秀丽、飘逸犀利，乃天下一绝。后宫中妃嫔如云，数量惊人，除了夫人、九嫔、二十七世妇、八十一御妻，还有“三千粉黛，八百烟娇”。徽宗又学南齐东昏侯，在宫内设市场，宋徽宗是市场管理员，王黼是卖肉的，戴着乌帽穿着小衣以博宋徽宗一乐。宋徽宗偷偷出去玩，需要翻围墙，每次都是王黼蹲下身子，给宋徽宗做人梯。

与周邦彦相比，宋徽宗的另一个情敌就倒霉多了。

这个人叫贾奕，如果他不是宋徽宗的情敌，可能没有人会知道这个小武官。他和李师师的感情也不错，但自从知道宋徽宗和李师师的爱情之后，就不敢再去了。但有一天，在路上遇到了李师师，旧情如火，把胆量点燃，他晚上就跑到李师师那里，喝得大醉。想到这样的美好生活是三天打鱼、两天晒网，贾奕不由得愤懑从中来。便也写了一首词，攻击宋徽宗经常不付嫖资，经常“留下鲛绡当宿钱”（鲛绡，就是手帕）。

很快，这首词传到了宋徽宗耳朵里，宋徽宗大怒，说要把他活剥了。幸好有人劝徽宗说，写一首词罪不至于死，为了一个女人而擅改国家法律，不好。宋徽宗这才赦免了贾奕，把他贬到琼州（今海南岛）做了个芝麻小官，并规定：贾奕永远不许再入都城。

宋徽宗风流归风流，却一直没动过把李师师接到宫里去的念头，如此一来，扶正无望，师师还得为自己的后半生着想，宋徽宗的情敌自然少不了，周邦彦和贾奕，是有幸留下名字的。

向历史借智慧

美女是一个王朝最好的传说

似乎是胡适先生说的：有怕老婆现象存在的地方，很难产生灭绝人性的法西斯主义；世界上法西斯主义曾经盛行的两个国家，纳粹德国和军国日本，都是男人不怕老婆的地方。这句话里透露出的态度非常有趣。我们读历史，也常常觉得，那些关于美女和爱情的传说，是历史中最温情的部分，也因此，关于美女的传说是一个王朝最好的传说。

陈禾扯衣

公元1109年，国立大学生陈禾投诉尚书左仆射何执中碌碌无为，说让他担此重任，比蚊子背负大山还要难。对于这封情绪化的投诉信，宋徽宗看都没看。

宋徽宗有很多事要做——画画、找名妓李师师谈理想和爱情、写词，对天下之事，他不想管理，也无能为力。

北宋的朋党之争，自王安石之后如同牛皮癣一样，使北宋极为痛苦，又极为难看。而宋徽宗任用奸佞小人，更是让北宋的状况雪上加霜。老天似乎也看不过去了，屡屡把反常天象降于人间，如彗星屡见、黄河变清、京城暴雨……

有识之士与术士达成共识：天下要大乱。而大乱的根源就是蔡京、童贯这些人横行霸道、权势倾天，在检举者那里，这二人是全人类的祸害，必须除之。可是，这二人树大根深，很少有人敢去摇晃。那些敢于直面危险的人，是英雄，但这样的英雄实在太少。陈禾是寥寥无几的英雄中的一个。

名臣风骨

硬骨头陈禾

在扯皇帝衣服这件事上，已可看出陈禾这人的品性。他被贬后，后来在王黼手下做官，王黼这人靠巴结蔡京上的台，名声很不好，陈禾就说：我怎么可以在王黼门下听候调遣呢？于是辞职坚决不干。有一天童贯带兵经过陈禾家，想找陈禾培养下感情，陈禾不让他进门，童贯给陈禾送礼，陈禾也不收。童贯恼羞成怒，向徽宗告状。徽宗说：陈禾这个人向来如此，你别理他就是了！

陈禾是监督部门的二把手，他私下里鼓动大家一起站出来向奸臣投射检举的匕首，但大家都希望：一个人先检举，一旦成功，先检举的人带动后检举的人，最终达到共同检举。

陈禾胸中有浩然正气。公元1019年早春三月，京城的花儿还未绽放，陈禾就在早朝时给宋徽宗提了一份检举信，信中说：童贯一伙欺上瞒下，应该让他们滚出朝廷。

宋徽宗很不耐烦，因为被检举的人是他最喜欢的人。他站起来，要宣布散会。陈禾抢上前，抓住宋徽宗的衣服，不让他走。宋徽宗拼命挣脱，只听一声脆响，宋徽宗的衣服被扯掉了一块——记住，这样的事情只会发生在中国宋朝。

皇帝的衣服被扯烂，皇帝不追究也就罢了，一旦追究，那可是袭击皇帝之罪。众文武都愣在当场，陈禾也觉得自己有些过分，只等宋徽宗发话。

宋徽宗果然发话，胡子颤抖，看着大臣们，厉声求救："他撕我的衣服！"陈禾发现皇帝的反应如此奇妙，马上回道："陛下不惜撕破衣服，我也不惜打破头颅来报答陛下。"然后补充道，"这些人（全人类的祸害）现在受富贵之利，陛下将来要受危亡

社会风情

科考之最

宋徽宗宣和六年（1124年），各地到开封参加国考的有几万人，政府任命60位考官，但考试时，签名簿上却有61个人名，主考官查来查去，发现不知怎么的多了个叫宋应辰的人名，于是交代说："宋，是我大宋国号，又叫应辰，就是顺应良辰吉日之意，这是老天爷提醒我们，这一届考试中有杰出人才呀。"结果，考官们对任何考生都不敢敷衍，所以这一年录取的进士多达805人，为宋朝历史之最。

之祸！”

这是一个预言。陈禾的话在十八年后一语成谶。

宋徽宗听到陈禾这样说，开始冷静下来，态度缓和说：“你能如此尽忠，我还有何忧愁！”这时内侍请宋徽宗换衣服，宋徽宗搞形象工程，说：“朕就穿着这件破衣以示对直臣的褒奖。”

但第二天，童贯就发羊角风一样跑到宋徽宗面前反攻陈禾说：“现在国家太平，他居然说陛下有危亡之祸，出此不祥之语，这是什么臣子，简直是大乌鸦。”

宋徽宗也反应过来，现在太平盛世，他居然说我将来有危亡之祸，要么居心叵测，要么就是喝多了，于是，将陈禾赶出朝廷，贬到信州（今江西上饶）搞税务去了。

陈禾撕衣，撕破的不仅仅是宋徽宗的衣服，十八年后，北宋王朝也被他提前撕破了。

向历史借智慧

听人劝，吃饱饭

陈禾扯衣也没用，谁不爱听好听的，何况是皇帝。守业的皇帝基本上都是唯我独尊的寡头政治，听不进去反面意见，管谁是谁非，自己心里顺气就好，结果断送了江山。事实上，我们普通的人也很容易想当然，一旦自己有了想法就很难听取别人的意见，往往因为自己的偏执而误事。

赵良嗣的忽悠

北宋若没有赵良嗣，还能多苟延些时日；有了赵良嗣，想苟延残喘都不可能了。

赵良嗣的先祖本是居住在燕京（今北京）的汉人。五代时，石敬瑭为了称帝，把燕云十六州送给了辽人，于是赵良嗣出生时就是拥有辽国户口的汉人。赵良嗣本名马植，其家族在辽国也算是有地位的大家族，他本人在辽国官至光禄卿，但他在辽国的境遇并不好，总受他人的排挤。

公元 1111 年，北宋朝廷派宦官童贯带队，出使辽国，路过卢沟桥时，赵良嗣深更半夜来求见童贯。他跟童太监说，自己有灭燕（辽国）之策。

童贯虽然是太监，但遇到这种送上门来的机会，也想顺便建功立业。所以，当赵良嗣献上计策，并说辽国皇帝耶律延禧昏庸无能，根本治不好国家时，童贯觉得，光宗耀祖的机会来了。他让赵良嗣留在卢沟桥，等自己出使完辽国，返回卢沟桥时，就把

庙堂真相

女真崛起

1115 年，女真人的首领完颜阿骨打称帝，国号金，完颜阿骨打即金太祖。女真的崛起，对辽和北宋来说，是一个巨大的噩梦。1125 年，金灭辽；1127 年，金灭北宋。

赵良嗣带回了北宋京城（汴京，今开封）。

赵良嗣对宋徽宗说："如今，在辽人的背后，女真已经崛起，他们痛恨辽人，恨不得吃辽人的肉，而且当今的辽国皇帝耶律延禧又荒淫失道。如果我朝能派人从山东海路绕过去，与女真人结盟，大家共同出兵，夹击辽国，必能成功。"

这是一次朝堂会议，北宋文武百官都站在那里听，赵良嗣讲得热血沸腾，宋徽宗听得也热血沸腾。但赵良嗣讲完后，就有许多大臣强烈反对。他们的理由是，从海路绕到辽国身后，有困难、太冒险；这条路虽然建国时就开通了，但与异国接壤，朝廷早就明令禁止商贾舟船不得行，这条规定已经有一百多年了。本来，你不开，外贼还想进入，你一开，外贼还不感谢祖坟冒青气。最后，这些人提升高度：此策不利我大宋。

宋徽宗也有点不明白赵良嗣的"弃暗投明"，他问：你身为辽国官员，却跑到这里来献策要灭掉自己的国家，这个想法真是破天荒啊。赵良嗣摸着自己的心脏说，我们都是汉人，流着相同的血，喝着相同的水。最后他补充说，辽国的国王现在就是一个瘪三，让老百姓生不如死，倘若大宋军一到，那些百姓必将敲着

名臣风骨

米芾挑女婿

徽宗时，书法大家米芾有洁癖，有一次给女儿挑选合意的夫君，遇到一个建康人段拂，字去尘，米芾就选中了他，别人问他原因，他说："既拂拭过了，又去掉灰尘，肯定是爱干净的人，真是我的女婿。"

盆子和碗来迎接救世主。

宋徽宗正要仔细考虑，有大臣跳了出来，大喝："皇上，万万不可。本朝与辽国可是兄弟啊！"

宋徽宗一听这话，想杀人。辽国从来就不是大宋的兄弟，辽国是个无赖嫖客，大宋不过是个富裕的妓女。辽国来了既占便宜又拿东西，兄弟能干出这样的事情吗？

自一百多年前，宋与辽订下城下之盟后，宋朝每年都要扶贫辽国绢二十万匹、银十万两。一百多年来，宋朝一直咬着牙对辽国进行扶贫工作，兄长照顾弟弟是理所当然的事情，可任何人都知道，这个兄长当得非常窝囊，是个冤大头。

如今，赵佶发现可以把冤大头的帽子摘下来，他哪里会放过这样的机会。即使是再昏庸无能的皇帝，坐在那张龙椅上也会偶尔雄起的。

至于兄弟之国"不相侵犯"的誓言，就让它见鬼去吧。

宋徽宗被赵良嗣这么一忽悠，决定对辽撕破脸皮，来一场扬眉吐气的战争。几年后，宋与金联合灭掉了辽。金立即转向，把刀枪对准了北宋，并且以飞快的速度灭掉了北宋。

向历史借智慧

自强才是根本之策

大宋称兄、辽国称弟，但这只是文人们玩的文字游戏，大宋这哥哥当得确实太窝囊，想报复一下辽国、给自己找回些面子的心思，那是从来就没真正放弃过的。但大宋并没有从根子上找原因，想打架自己却从不强身健体，想挽回面子自己又不发愤图强，到这会儿憋不住了，却还是寄希望于金国，可怜！

方腊起义

方腊是浙江睦州青溪的一个财主，典型的有钱人。当时宋徽宗派了个专员朱勔在各地找可爱的石头，搞得百姓怨气很重。很多百姓活着时就在想，等死后一定要变成厉鬼，跟朱勔没完。全国各地的小规模造反此起彼伏。

有一天方腊在河边对着水面照镜子，照着照着，水面映照出的人影突然戴上了一顶皇冠，这一灵异事件让方腊认为自己是当皇帝的命。于是，他用钱财召集了一批“想要变成厉鬼”的穷苦人，对他们说：“朱勔那混蛋不让我们活，即使我们不能让他死，也绝不能让他活得好，我们骚扰他！”

仇恨的力量是强大的，方腊靠煽动力和组织力，很快就聚集了很多人在他的身边。他居然称帝，自号“圣公”，建元“永乐”。开始，以他的实力还见不到朱勔，所以就先从打家劫舍做起，所到之处，烧、杀、抢、劫一样都不少。为了得到更多的生源，他给百姓两个选择，跟着“圣公”走，或者被“圣公”杀。

社会风情

宋徽宗的娘子军

某年，宋徽宗在宫里举行小型阅兵式，其中一个项目就是宫女们的技能表演。只见宫女们擂鼓吹号，骑马飞射，马上马下，样样功夫都了得，看得宫里的侍卫都觉得脸红。徽宗表扬说：女人们都能教成这样，天下还有什么是不能教的呢？

这是一支典型的流氓部队，可正因为是流氓所以无所顾忌，如同一头疯牛进了瓷器店，大宋的那些瓷器士兵只能看着自己被粉碎。方腊的队伍也渐渐从疯牛变成了瘟疫，所到之处，奸淫掳掠，无恶不为。政府官员现在也恨不能被残杀后变成厉鬼来找方腊。但在变成鬼之前，他们想到了组织。急报送到汴梁，宰相王黼这混蛋居然压着不报。

在他的保护下，方腊如野火，烧遍了整个浙江。到了这个时候，宋徽宗才知道有个方腊在江南造反，他一面画画一面就封童贯为宣抚使，前往浙江剿灭方腊。

童贯很谨慎，也很有自信。因为他带到浙江的兵是北宋最能打仗的兵，这些兵在西北经常和西夏、吐蕃交战，战斗力很强。这支精锐部队约计十万人，后又有五万山西兵加入。到浙江后，他们很想立即找到方腊交流一下。

童贯不着急，他见造反军团势力很大，就先代表宋徽宗下诏废止应奉局，表示以后再也不运宝贝进京了，这一招瓦解了不少造反队伍。

皇帝方腊当然不会凭童贯的几句话就放弃事业，于是，童贯

野史秘闻

龟鹤宰相

宋徽宗时的宰相韩忠彦和曾布，韩忠彦身材高大，曾布身形矮小，由于同是宰相，因此两人一起的出镜率相当高。鉴于身材上的反差，时人将韩、曾合称为“龟鹤宰相”。

蔡京、童贯得势，地位相当，因童贯是太监，时人便戏称蔡京为“公相”，童贯为“媪相”（母相）。

向他发起了凌厉的攻击。先是攻陷了方腊的秀州，如此一来，方腊之前夺取的杭州、湖州、嘉兴由于无险可守，全都门户洞开，童贯马上围攻杭州。

方腊的皇帝梦从这个时候开始醒来。杭州城很快就被攻破，城里的造反军南撤。一个多月后，方腊想到杭州不能丢，于是派军再次攻打杭州，但杭州的守军给了他一个沉重的打击，他派去的军队全都战死在杭州城下。他所占据的城市也“夫唱妇随”，衢州与婺州相继失守，方腊万念俱灰。最要命的是，方腊的老巢青溪县也被政府军攻陷。方腊混了半天，老窝居然被人家给端了，他连愤怒的力气都没有。

不过，他的实力还在，至少还有七万大军跟随他一直退到了帮源峒。

政府军很快赶来了，把帮源峒围成了一座死城。

童贯劝方腊投降，方腊不理。政府军发动总攻。几天后，方腊军全军覆没，他和老婆邵氏、儿子方亳、丞相方肥等三十多名伪高级国家领导人被生擒，押解进京，不久后被处死。

方腊虽然死了，可他和政府一起所造的孽永不能使人忘记。

野史秘闻

不要让宰相看到

宋徽宗执政之初，还能虚怀若谷地听取各种不同意见。宰相张商英劝告他要克勤克俭，防止奢华，不要大兴土木，他表示完全接受。有一次，他让人整修升平楼，还特意嘱咐工头：如果张宰相经过这里，须速把工人们藏到楼里去，不要让他看到。但史实证明，勤俭不是徽宗的本性。

方腊造反军共攻占了浙江省境内的六个州，共计五十二个县，受害群众总计超过二百万人，战争导致的人员消耗、生产倒退不忍计算。先是造反军所到之处烧、杀、抢、劫，后是童贯的精锐部队打败造反军后烧、杀、抢、劫。上天制造了一个宋徽宗政府，又制造了一个方腊，身为北宋徽宗时代浙江的百姓，真是倒了八辈子霉。

向历史借智慧

没有理想的人是无源之水

方腊造反，开始时是为了生存，但杀人放火、欺凌百姓的事情他没少做过。可如果他始终把自己定位在为了生存的位置上，就不可能进步，也不可能壮大和获得人心。再强大的流氓也是创造不出一个新世界的，理想，对于想做一番事业的人来说，是活水之源，是力量之源。没有理想的生活，是悲剧。

道士林灵素

道士林灵素的出生，据说比帝王还奇异。他母亲睡觉前，被一团红云遮住身体，第二天大呕，大夫诊断为怀孕。两年后，他母亲梦见一个浮在空中的白胡子老头，抱了一个婴儿扔到她身上，林灵素就出生了。

在五岁之前，林灵素不会说话。突然有一天，一位道士不请自来，走进他的房间，对他说："千年不见，仍然如此。"林灵素一张嘴，马上话如泉涌。长大后，因人介绍，他成了苏轼的书童。天才的一面很快涌现，数万言的碑记一经过目，就背诵得滚瓜烂熟。这让博闻强记的苏轼惊讶不已，对他说："你小子比我聪明，富贵是迟早的事。"林灵素笑着回答："活着封侯，死后进太庙，这不是富贵。封侯是虚名，进太庙证明我已经成了鬼。我还是想做神仙。"

神仙很不好做，他到佛寺里，佛寺让他面壁吃素，他熬不了，整日装神弄鬼，被和尚用棒子请了出来。于是他去找道观，可道

野史秘闻

徽宗见灵素

宋徽宗一见到林灵素，就问："大师您过去当过官吗？朕好像见过您？"林大师答道："我往年在天上玉皇大帝那儿当差时，曾经侍奉过圣上您的大驾。"皇帝道："那段事如今我还恍惚记得。我记得你好像是骑一头青牛，那青牛如今哪儿去了？"灵素回答："我把它寄牧在外国了，不久就会归国。"

观也把他当成妖魔，驱赶他。没有办法，他一路乞讨，来到开封。恰好宋徽宗当时在京城大建道观，道观成为道士的免费旅馆。林灵素在东太乙宫一住就是三年。最后一年，道观里有个行踪诡异的道士死了，没有人为这个道士整理遗物和躯体，林灵素因平时和这个道士谈过话，就担当起这个重任。就这样，他发现了一本书，是一本只有他自己能看懂的天书。天书使他学会了呼风唤雨，未卜先知。当他把一切技能都掌握后，苍天给了他富贵的机会。

宋徽宗做了一个梦，梦见自己骑着白龙，游道教顶级的神霄宫，遇见一个道士骑着青牛进来。道士没看他一眼，他却把道士的样子记了下来。梦醒后，他叫人寻访这个道士，有人把林灵素请到他面前。真巧，那个道士居然从梦中出来了！

林灵素先是给宋徽宗表演了魔术，然后就被宋徽宗倚为有史以来最厉害的法师了。但林法师与宋徽宗的交往却不是靠魔术建立起来的。

一次，林灵素在太清楼下和宋徽宗一起吃饭，瞥见了罗列着苏东坡、黄庭坚、秦观等人的元奸党碑。他放下筷子就拜了宋徽宗一下。宋徽宗不明白。林灵素说："这碑上所列的人都是天上

社会风情

和尚也吃香

北宋末期，和尚娶妻养妾成为风气，因为和尚们有钱，女人们也乐意嫁给他们，以广东等地最为流行。当时广州一富家嫁女，大宴宾客，所招的女婿就是一和尚，一名北方人在座，第一次见到这种事，惊得合不拢嘴。

星宿啊！”还即席作了首诗，诗曰：苏黄不作文章客，童蔡翻为社稷臣。三十年来无定论，不知奸党是何人。

当时，童贯与蔡京有些嚣张，宋徽宗就把这诗抄了份给蔡京，蔡京吓得面如土色，但由此也恨上了林灵素。

某次，开封缺雨，宋徽宗让林灵素求雨，结果雨没有来，蔡京立即跳出来说林灵素是个骗子。宋徽宗也把林灵素训斥了一顿。林灵素立即展开报复，他拿着一本连他自己都看不懂的天书提醒宋徽宗，书上表明，童贯是“飞天大鬼母”，而蔡京是“北都六洞魔王第二洞大鬼头”，他们转世祸国，“应该斩決”。宋徽宗看不懂那天书，当然也就不信。

林灵素又在自己家中单独建了一个小房子，只有他能进，宋徽宗都不被允许进人。蔡京认为神秘必有奸邪，派人去偷窥。派去的人回来告诉他，里面布置得和皇宫一样。蔡京如同狗得到了骨头，心想这下可以告他一个阴谋造反罪，心花怒放地去告诉宋徽宗。结果，宋徽宗逼着林灵素打开门，小屋子里只有两张椅子。蔡京害怕了，不过宋徽宗倒也没太为难他，训斥了一顿，仍然还是信任蔡京。

社会风情

宫中有仙人

宋徽宗信仰道家仙术，经常在宫中搞些琼楼玉宇的东西。大臣们为迎合皇帝的爱好，纷纷进言看到了神仙。蔡京之子蔡攸就忽悠宋徽宗说看见云彩间现出几重楼台殿阁，其中还有道童打扮的人，眉毛胡子都看得清清楚楚。宋徽宗还真信了。

林灵素知道即使斗得过蔡京，也斗不死他，所以就离开了宋徽宗。据说在走之前，他曾劝宋徽宗迁都，可惜，宋徽宗太喜欢开封了。林灵素走后第九年，金人南下，攻进了开封城。宋徽宗哭的时候，不知是否会想起林灵素让他迁都的话来。

向历史借智慧

真正能打动人心的是人性

我们看关于骗子的电影，看关于小偷的电影，乃至看关于杀人犯的电影，有时仍然可能会被骗子、小偷、杀人犯这样的角色所打动，为什么？因为这些角色，都无一例外地被导演赋予了一些人性的光辉，在他们犯罪的背后，也曾显露出一分良知。林灵素是历史上很有名的一个道士，他一些所谓的神奇本领，多次被证实不过是一些小小的骗术，但这个人仍然受人喜欢，因为他本性不坏，他既没有助纣为虐，也不贪得无厌。

金人反目

公元 1114 年，时辰已到，女真部落联盟长完颜阿骨打先发制人，对辽国进行军事行动。

1120 年，宋与金（此时女真已建国，国号为金）达成协议一起夹攻辽国，事成之后，燕京归宋，宋每年向金国“扶贫”五十万金。第二年，江南造反的方腊被剿灭。宋人开始专心攻辽。

1122 年年初，金国攻陷了辽中京（今内蒙古宁城西大明城），辽国皇帝耶律延禧逃跑，该年三月，耶律延禧的叔叔即位于燕京（北京）。四月，赵佶想要发点威风，命令北宋第一饭桶童贯领兵十五万讨伐辽国。童贯在白沟（今河北雄县北）被辽军轻而易举地击败，赵佶胆战心惊，急忙命童贯班师。

两个月后，耶律延禧的叔叔死掉，赵佶认为辽国群龙无首，应该能得胜，于是第二次发兵攻辽。金国太看得起北宋了，他们担心宋独自拿下燕京，这样的话，自己不能履行合同就会导致北宋不扶贫。于是，金国派出使者与北宋朝廷商议夹攻之期，在这

庙堂真相

身体棒很重要

辽国皇帝耶律延禧，宋朝人恨他，辽国人也恨他，关于他的死，说法众多。有人说他是病死的，也有人说他被金人杀了，并且都说得有鼻子有眼：1156 年，金国皇帝完颜亮命令五十七岁的宋钦宗和八十一岁的耶律延禧比赛马球，宋钦宗从马上跌下来，被乱马踩死；耶律延禧人老心不老，企图乘乱逃跑，结果被金人乱箭射杀。从两位皇帝的不同死法上可以看出，大宋人的身体素质有多么差，强身健体很重要啊！

个期限没有到来前，任何一方不能擅自行动。北宋表面上只能同意。

当年九月，辽国易州守将投降北宋，辽国吓得要死，急忙派人奉表对宋称臣。小人得志的童贯大怒，把使者骂了出去。他这一举动，可算是为北宋多年屈辱的“扶贫”历史写下了辉煌的一笔。随即，童贯遣军十万出雄州，想要灭掉辽国。

可童贯依然不争气，在他严重错误的指挥下，北宋军队大败，十万人马所剩无几。

金国这个时候才发现，即使让宋朝先出兵去进攻燕京，北宋也是自取其辱，自己根本不需要紧张的。当年十二月，完颜阿骨打亲征，不久就攻克了燕京，阿骨打率军入城。

童贯的屡战屡败让阿骨打认为，自己出力最多，所以，以前的和约要更改一下。赵佶一猜就知道金国要加码。

果然，金人给赵佶写信说，只想把燕京及蓟、景、檀、顺、涿、易六州给北宋，其他地方以后再说。赵佶气得直哆嗦，派赵良嗣去跟金国谈。赵良嗣就跟金国说：“本来说好了是山后山前十七州，你们不讲信义！”

金人仰头看天，不搭理他，并派人告诉赵良嗣，看看你们军

野史秘闻

啼哭将军

宋金交战时，金军将领也不都是牛人。宋将吴玠守彭原，金将完颜撒离曷攻吴，中伏后大败，几乎全军覆没，完颜撒离曷大哭而去。金将都认为撒离曷丢人，男子汉大丈夫，哪有打了败仗就哭的，戏称其为“啼哭将军”。

队打的那仗，什么玩意儿。赵良嗣回到中原，跟赵佶一讲，赵佶连发怒都不敢，仰天长叹："信义何在？"

赵良嗣只好再次出使金国，对不讲信义的金国人说："你们这么做实在不对，我们又没说不对你们扶贫。"金人突然又说："燕京是我们打下来的，其租税当给我们。"

赵良嗣气得浑身发抖，激动地说："租随地出，我可从没有听过有地而没有租税的事情。"金人就说："燕京的租税有六百万，我们只想要一百万。你们若不给，就把涿、易两州还给我们。"

这可能是赵良嗣生平遇到的最无赖的无赖，他气得几乎说不出话来："我，我涿、易二州是我朝打下来的，你们国家是不是没有'道理'这两个字？"

他说对了，"道理"永远掌握在强者手里，而有童贯那样的饭桶的国家根本就不会有"道理"，因为对方不会给。

谈判的结果仍然是，宋扶贫金国，燕京以及六州归宋。1123年四月，饭桶童贯在辽国没有任何抵抗的情况下，进入燕京。而金国留给他的只是一座空城。

野史秘闻

六如给事

金军攻宋，宋徽宗让给事中李邺去金营讲和，李邺回来后，徽宗问金军情况怎样，李邺长他人志气，灭自己威风，说金军"人如虎，马如龙，上山如狼，下水如獭，其势如泰山，中国如累卵"。人们笑李邺是"六如给事"。

北宋折腾了半天，所得到的远远小于要付出的。当宋人正在生气时，金人却另有打算。

通过这次协同作战金人彻底地认清了北宋军队的面孔，这是一张风一吹就面目全非的面孔。他们觉得这样一张脸根本就不配在世上，于是，他们决定灭北宋。

可是，他们在与宋朝的相关约定中有一条——互不攻伐，这严重地阻碍他们想要灭北宋的理想。所以，他们希望北宋能把绣球抛过来，邀请他们来灭。

也就是说，他们需要一些借口，一个是肯定不够的，不足以让他们背弃诺言（虽然他们总是背弃诺言）。

赵佶和他的朝廷满足了金国的请求，接连不断地抛出绣球。

抛第一个绣球的是一个叫张觉的人。张觉本是辽国大将，后来投降了金国，金国让他去平州做留守。辽国灭亡后，金国下令将辽朝降臣移徙东北。但是张觉不想去东北，于是就把前来押解他们去东北的金国大臣杀掉，然后向北宋投降。

赵佶经过辗转反侧的考虑，决定接受张觉的投降，因为平州有税收。这件事情发生在北宋宣和五年（1123 年）的五月，该年

社会风情

石头封侯

1123 年，在太湖采得一石，该巨石高六仞，阔需百人合抱。造巨舰运送京城后，宋徽宗极为喜悦，赏赐搬运船夫每人金碗一只，监运官朱勔的四个奴仆被封官，朱勔本人晋升为“威远军节度使”，那块大石头则被封为“盘固侯”。

十一月，赵佶派使者去平州犒赏张觉，张觉出城迎接，金国趁机袭击平州，张觉大败跑到了燕山。

金人就跟赵佶说，当初我们订立盟约时，里面有一条“双方不得接纳对方降将”，不知你还记得吗？赵佶记得太清楚了，那个其实也算不上平等的条约里的每一条都像针一样，天天扎他。

在金人接二连三的催逼下，北宋只好找了一个长相酷似张觉的人，砍了脑袋送给金人。事实上，金人根本看不清那个脑袋是不是张觉的。但是，他们绝对不相信违反誓约的人会这么轻易地把张觉的脑袋交出来。于是，金国人说，这不是张觉的脑袋，又威胁说：“如果再不交出张觉，我们自己带兵来取。”

北宋实在没有办法了，就把张觉的脑袋拿下来，送到金国。金国倒没有欣喜，他们实在想不到北宋这个绣球抛了出来，立即又收回去了。

张觉的死使得许多辽国降将不寒而栗，著名大将郭药师就说：“如果金人来索取我的脑袋，朝廷也给出去吗？”

于是，这些为北宋守卫六州城池的将领纷纷逃走，与金国接壤的城池的防卫力量大大减弱，金国图谋北宋的日子就更近了。

社会风情

按身高发兵饷

在宋朝，募兵的硬性指标之一就是身高。宋太祖时，身高 170 厘米可入选正规军，身高 175 厘米以上则可以入选上等禁军。有时身高还跟工资挂钩。据说宋仁宗就是按身高给士兵们发饷银，身高差几厘米，月饷可能会差上老大一截。

在《宋史·徽宗本纪》里有这样一段话，“宋不立徽宗，不纳张觉，金虽强，何衅以伐宋哉？”意思是说，如果当初不立赵佶当皇帝，宋朝不至于到这个地步；他当了皇帝以后不接纳张觉，金国人想挑衅也找不到借口。

但是，这话说了等于没说，因为赵佶当了皇帝，也接纳了张觉。而且，他不仅仅是抛了这一个绣球出去。这个“不能为君”的皇帝和他的朝廷接连不断地把绣球抛给金国。

宣和六年（1124 年）三月，金国派出使者索要赵良嗣所许下的粮食二十万石。这个时候，赵良嗣因劝阻赵佶纳张觉而被赶出朝廷了。金国人说的是真是假，谁也不知道。北宋朝廷就说，这么多粮食可不是小数目，你们有什么证据证明是赵良嗣许给你们的。

金人欢喜得不得了，就以此为借口攻占了蔚州。赵佶慌忙派人议和，说了不少好话，又把粮食给了，金国不是很高兴地回了老巢。

可赵佶接着又抛出绣球。

逃到夹山的辽国皇帝耶律延禧还有一点势力，赵佶想用他来

野史秘闻

一首词引来金人觊觎

著名词人柳永有一首《望海潮》，其中有“烟柳画桥，风帘翠幕，参差十万人家”“三秋桂子，十里荷花”等句子。据说这首词把江南夸得太好了，引起了金主完颜亮的觊觎，“遂起投鞭渡江之志”，要到大宋来“看风景”。其实金朝对大宋早有野心，完颜亮只是给自己找借口而已。

牵制金国，并暗中派人去找到他，认耶律延禧为弟弟。耶律延禧非常高兴，两个都以昏庸无能著称的人钻进了同一个战壕里。但是，金人可不是傻子，他们捉住了一个来往于两人之间的信使，然后逼赵佶交出耶律延禧。赵佶不肯，不但不肯，还派出饭桶童贯去接耶律延禧。耶律延禧只在赵佶处住了一个月，就认清了赵佶比他还昏庸无能，所以就奔阴山而去。

宣和七年（1125 年）二月，耶律延禧还没有到阴山，就被金人活捉，一切真相都大白于天下，这下好了，金人有了十足的理由对北宋进行军事打击了。

向历史借智慧

用不对方法就做不对事

诚信是做人的基本要求，一个人以诚立身，就会做到公正无私、不偏不倚，讲究信用，就能守法、受约、取信于人，就能妥善处理好人与人、个人与社会的关系。可是也别忘了，诚信是就人之间的相处而言，用来修身、提高个人品德是没问题的，但拿这个道理去要求别人，就不一定能有预期的效果，所以，人类社会还产生了法律。同时，在诸如国际政治这种事情上，实力比诚信更重要。

饿死蔡京

当金兵大举南下时，宋徽宗慌张地把皇位让给了儿子钦宗。北宋的臣子们立即展开了围殴徽宗时代六大奸臣的行动。把朝政搞得乌烟瘴气的“六贼”之首蔡京被定罪，发配到偏远的南方。北宋之所以灭亡，蔡京的确有不可推卸的责任。他一生恶贯满盈，在不得志时，他是个势利小人，看到当时的皇帝宋神宗支持王安石变法革新，提倡变法者得势时，他就积极地加入到变法者的行列；而当以司马光为首的守旧派掌权时，他又成了攻击变法革新的主要人物，反反复复，无论是改革派得势还是保守派得势，蔡京都能及时捉住变化，趁势纠正自己的政治方向。

在宋徽宗时代，蔡京当上了宰相，恨不得长出三头六臂来为宋徽宗服务。他大兴土木给宋徽宗建宫殿苑囿，并在全国征购奇花怪石用以装点皇室，使得许多百姓倾家荡产、对大宋失去信心。让百姓寒心的同时，蔡京也让宋徽宗寒心，他把搜刮来的财物分成十等份，一份给宋徽宗，九份给自己。

社会风情

奸人多是艺术家

徽宗时期，最大的权臣兼奸臣就是蔡京了。可蔡京人虽然坏，书法竟然极好，北宋书法名家称“苏、黄、米、蔡”，“蔡”就是蔡京。据说有一回他问米芾（即四书法家中的“米”）：当今书法谁人最好？米芾也是一个很狂的人，却很服气地回答：只有你和你的弟弟了！

有如此多的财富，蔡京的日子自然过得相当滋润。南宋时期，有人在扬州买了一名自称是蔡京府里包子厨的厨子。人家让她包包子，她很惭愧地一笑：“我不会。”人惊，问原因。答曰：“我是包子厨中专门剥葱丝的。”包一个包子，居然有这样精细、明确的分工，蔡京哪里是在吃包子，简直是在吃艺术。

据说，蔡京喜欢吃鹌鹑羹，每吃一次，厨房里负责捉鹌鹑的人就有十几个，需要鹌鹑几百只。他最爱吃的“黄雀酥”，在他家就专门有三大间厅房储存，即使他全家都吃，也要吃到他孙媳妇当婆婆的时候。

这种穷奢极欲的生活，让蔡京的孙子们都成了白痴。蔡京曾问孙子们：“你们天天吃饭，谁能回答我，吃的白米是从什么地方来的？”有个孙子立即回答：“那是从石臼里舂成白米的。”蔡京听了，对孙子白痴的境界给予了很高的评价，那就是：哈哈大笑。另外一个孙子在边上接着说：“他在胡说，我见到白米是从草席袋子里倒出来的(运到京城的大米，都是用席织口袋装着)。”蔡京又是一阵大笑。

当蔡京被贬出京城赶往目的地的时候，也是笑着去的。他把

社会风情

“易安居士”李清照

李清照即生活在北宋徽宗时期。李清照和丈夫赵明诚都出身高官家庭，不幸的是，李父被列为“元祐奸党”，刚刚新婚的李清照被迫离开丈夫，回到原籍。几年后，党人之禁解除，李清照回到汴京和赵明诚团聚，随即赵家被蔡京陷害，李清照又随丈夫离开京城，开始了屏居乡里的生活。次年（1108 年），李清照二十五岁，命其室曰“归来堂”，自号“易安居士”。“易安”二字，正是李清照对生活的感悟和期冀。

能带的财物都装上车，几乎是浩浩荡荡地出了京师。他想得很简单，有钱可使鬼推磨，他有这么多钱，到目的地后，盖几座房子、买上百个丫鬟，生活质量绝对不受任何影响。

但在路上，他的生活质量却受到了极大的影响。进入湖南后，他发现自己买不到任何东西吃。他不知道，当地百姓已经计划了一个极大的“阴谋”——饿死蔡京。

所以，蔡京买不到一粒粮、一滴油、一棵菜。在饿得头昏眼花后，他想吃一块烙饼、一个馒头、一个包子都成了奢望。蔡京不但吃不上，连住的地方也没有。所有的旅店都说住满人了，包括政府本该照顾他的驿站也说没有地方。

蔡京骨瘦如柴，悲从中来，吐了几个字：“想不到我失人心到了这个地步了。”

此时，蔡京就如同一个鬼，拿着巨额冥币跑到阳间来，自然什么都买不到。结果，他没有到达目的地，就活活饿死在了路上。

向历史借智慧

全民公敌蔡京

历史上有很多大官，在台上时春风得意、宾客满棚，而一旦失了势，树倒猢狲散，连个一起喝茶聊天的人也没有。这样的人就是做人太失败，而蔡京无疑是其中最失败的人之一。有一位政治家说得好，当你在台上的时候，多想想下台以后的事情，这样就不会太得意忘形。

得势，坏事做尽；失势，无人轻饶。

开封保卫战

公元1126年春天。

金兵分两路大举南下，准备灭掉北宋。听说金兵要来，宋徽宗魂飞魄散，急忙把皇位传给倒霉的儿子赵桓。赵桓是为宋钦宗。当金兵的西路军渡过黄河后，整个开封城如同遭受了地震一样。

赵桓问大臣们对策，大臣们告诉他，可以逃跑。有大臣劝赵桓，在丧家犬和亡国奴之间，不能选丧家犬。但赵桓非要选，丧家犬就丧家犬，活着总是好的。

大臣李纲勇敢地站出来，对赵桓说："太上皇（指徽宗）传位给皇上，正是希望陛下能留守京城，陛下怎么能走呢？"

赵桓苦着脸，认为京城城池不坚固，根本无法固守。李纲说："天下的城池，没有比京城更坚固的。只要皇上督率抗战，必能守住！"

赵桓只好留下。既然是李纲的主意，就任命李纲带队，负责保卫京城。靖康元年（1126年）正月初八，金军在汴京城下集结。

庙堂真相

最苦命的皇帝

1125年，大敌当前，宋徽宗不干了，匆忙把皇位传给儿子钦宗，自己则到外地躲了起来。钦宗时年二十五岁，但显然能耐不足，放着个李纲也不能用。1127年，皇帝刚做满两年，他就被金人掳到遥远而寒冷的五国城去受苦受难了。

李纲站在城上，亲自指挥防卫。金军疯子一样猛攻，李纲就指挥士兵把疯子打下去，几个回合下来，谁也没讨着什么好处。下午，两国都派出使者议和。金国要求以大宋黄河为界割地，以及对自己进贡。北宋则坚持，扶贫（也就是进贡）可以，割地免谈。于是，和谈破裂，双方再次回到战场上。

金军又开始疯狂进攻，李纲与将士誓死保卫都城。金军死伤无数，暂时退去了。这倒不是因为李纲有多厉害，而是汴京的城墙正如李纲所言——非常坚固。

虽然打了胜仗，但赵桓在皇宫里还是怕得要死，就派使者到金军那里乞和。金军仍旧是要求割地、扶贫两项一项不能缺。赵桓答应下来，但李纲坚决不同意。

正月二十一日，各路勤王师相继来到京城附近，如果再算上京城里的士兵，共有二十万人。李纲大胆地跟赵桓建议，集中兵力统一指挥，一举把金人赶回老巢去。

赵桓在脑海里翻检了以往的家族史，发现没有这一条规矩，所以，坚决不允。但在二十七日，前来勤王的武安军承宣使姚平仲为了邀功，建议天黑后袭击金军营地，李纲觉得这个主意非常

名臣风骨

李纲的另一面

李纲（1083—1140年），字伯纪，祖籍福建邵武。1108年，李纲参加贡生考试，名列榜首。1112年他中进士，进入政府，后由地方官擢升为宰相。宋人笔记《樵书》说，李纲这个人生活很腐化，家中收藏的古董能开十个古董店，侍女和家童的衣服饮食极尽奢华美丽，每次请客吃饭，桌上的菜至少有一百种。李纲有时候出门，随行的厨子就有十几人，都担着做饭的家伙和原材料。

不错，赵桓原本是想跟金军和谈的，一听到这件事后，马上就改变主意了，他也同意了姚平仲的建议。

建议的确是好建议，可惜，姚平仲本人是个饭桶，还没有进入金军营地就“主动”把自己暴露了。

金军之所以不攻城，就是等着赵桓的答复，想不到赵桓居然来这一手，于是兴师问罪。赵桓大惊，跟金人说，这件事不是我干的，是我手下干的。我已经把他免职了。

第二天，赵桓就把李纲免了职。消息一传出，京城爆发了陈东领导的爱国群众运动。几万名自发组织的群众云集宣德门下，杀掉了内侍，并且把当时出来劝阻的宰相李邦彦打了个鼻青脸肿。

赵桓只好再次起用李纲。金军再问劫营的事，赵桓耍赖，说不是政府所为，大概是民间组织，并送出了割三镇的诏书与金银。金军见李纲又“复活”了，也只得见好就收，在二月初三，引兵北归。

当时一位大将跟赵桓说：“趁金军北还麻痹大意，我们可以攻击他。”赵桓不想把刚送走的瘟神再招回来，不许。

当西路金军从京师撤走时，东路金军还在围攻太原，当他们知道北宋又扶贫后，就派人向北宋索取财物。这个时候赵桓做了

野史秘闻

满万不可敌

辽道宗时，曾经有五色云气在东方出现，观察天象的人士说：“这片五色云气下面应当有不同寻常的人出生，创建不寻常的事业。”不久，完颜阿骨打出生。1115 年，宣布“大金”国成立。据说辽太祖耶律阿保机曾经预言：“女真不满万，满万不可敌。”金国灭辽时，兵力刚好满一万人。

一件傻事，他把来使给关起来了。

这路金军大怒，连下几县，最后逼到泽州。赵桓适时地害怕了，派使者去金营中谈判，并且告诉这些瘟神，我们已经最大限度地扶贫了，还给了你们三镇，不能得寸进尺。

东路军主力虽然撤走了，但仍旧在围攻太原。这是因为东路军被太原的民众与宋兵的连连抵抗惹火了，他们发誓要拿下太原，给太原人民一点颜色瞧瞧。

赵桓派出李纲救太原，但是，李纲还没有准备好粮草，赵桓就等不及了，催他上路。李纲只好上路，又由于派出的三路军都不受李纲指挥，没办法，李纲只能战败。赵桓大怒，贬了他的官。

李纲是北宋时期稀有的英雄，这样的英雄再离开，北宋的灭亡就指日可待了。

向历史借智慧

侥幸之心害死人

凡事都存一分侥幸之心，就是赌运气，这种人，迟早会遭遇惨败；凡事不刻苦钻研，勤奋付出，而单指望着靠天吃饭，这种人，迟早会被现实的竞争所淘汰。宋钦宗在危难关头，依然首鼠两端，和战不定，把莫大的希望寄托在来犯的金军身上，希望他们一时心软，拿了好处就走人。谁知道——大宋这次是侥幸躲过去了，但躲得过初一，躲不过十五——最后的噩运马上就要来了……

六甲神兵

不知道是上次南下的奖励刺激了金国人，还是他们对上次的战果不满意，不久后，金兵再度南下，和第一次相同，春风化雨一样来到了开封城下。这时，开封城里再无李纲，宋钦宗张皇失措，一面传旨天下兵马勤王，一面戒严开封。当时，开封城内还有卫士和弓箭手七万人，兵部尚书孙傅却视而不见，独辟蹊径地把徽宗时期一个道士的感事诗（预言书）拿来读。读到里面有“郭京、杨适、刘无忌”时大喜，他认为这是三个人，而且是能人。很快，他的人就在开封城搜到了叫郭京和刘无忌的人。巧的是，这二人都是开封城贫民窟的小流氓，被请回来见孙傅时已经是魂不附体，想不到孙傅把他俩当成神仙崇拜。二人的市井哲学就是给脸就要，立即装模作样起来。

郭京对孙傅说：“我善行六丁六甲之法，只用七千七百七十七人，就可以呼风唤雨，撒豆成兵。”

孙傅把这消息报告宋钦宗，宋钦宗急忙授予郭京官职，

社会风情

有钱没处花

1128 年，南宋地方官庄绰在虔州（今江西赣州）见到一件怪事，生意人不收“宣和”通宝和“政和”通宝，庄绰问原因。生意人告诉他：“这两种钱是宋徽宗的无道。”

因为这是神仙的事，凡人无法插手，所以让郭京自行招募那七千七百七十七人。

郭京很卖力，在开封城张榜招募神兵。神兵的标准只有一个：年中带六甲（甲子、甲寅、甲辰、甲午、甲申、甲戌出生的人）。这样的人实在太多了。于是，吃不上饭的老头拄着棍子来了，流氓是最喜欢来的，还有忍饥挨饿的小孩也来混口饭吃了。

这些人吃了十多天闲饭，金兵攻城也越来越激烈。孙传希望正在大吃大喝的郭京赶紧上战场。郭京说："慌什么？我只要选一个吉日，带三百人出城，便能把金人像杀鸡一样杀光，这还是仁慈的，我若发威，就追到他们国内，让他们种都绝了。"

神兵的吉日未到，各地勤王军却不知道，他们来到开封城下就跟金兵交战，结果，全部失败。城内，禁军出城和金人交战，也失败。宋钦宗派人去和金人谈判，金人没有条件，只有目的：灭了你这个窝囊废。

宋钦宗让郭京出城解决危机，郭京回答，吉时未到。宋钦宗大怒，若再不出兵，我让你看不到吉时。郭京只好出城。

六甲神兵出城那天，郭京先是让守城士兵全部退下城，因为

社会风情

租借妾婢

宋朝有个怪现象，就是妾和婢女都可以租借。蓄姬妾是一种时尚，但如果经济实力不够，还可以租借，租期、租金、待遇由双方商议决定。有的小妾与主人有了感情，期满后不忍离去，但如果自己父母不同意而主人又出不起价钱的话，只能含泪分手。婢女则主要来自雇佣，法律并规定婢女租期不得超过十年，婢女不是私奴，主人不能私设公堂惩处婢女。

神力太大，怕伤及无辜，然后驱赶六甲神兵出宣化门。金兵一见这些人衣衫褴褛，有老有少，若是思维缜密的人，肯定多想一会儿，但金人是直线思维，直冲了过来。

六甲神兵的反应是：抱头鼠窜，哭爹喊娘。不知是哪个缺德鬼，居然把宣化门关上了。这可便宜了金兵，几千人很快被屠杀干净。城上的郭京看到此景，对孙传说："金人这妖孽太猖狂，我要亲自出城作法，让他们生不如死。"

孙传急忙放他出另一城门，郭京出门后作的法就是：逃跑。金兵见城门大开，先是走出来几个人，然后这几个人突然改变方向跑了，大喜之下，攻进了开封城。宋钦宗在宫里得知都城已破，魂飞天外。就这样，在六甲神兵的帮助下，北宋迅速灭亡了。因为该年是靖康元年（1126 年），史学家称之为"靖康之耻"。

向历史借智慧

昏主出妖人

社会学有个理论说，从一个人的垃圾桶，可以知道一个人有什么样的朋友。我们也可以说，看领导身边什么样的人最活跃，可以知道这位领导是什么样的人；反过来也一样，看领导是什么样的人，也就可以知道这个团队能不能做成事业，什么样的人可能会吃香。宋徽宗匆匆把重任卸给儿子钦宗，这样不负责任的领导，注定只能亲近蔡京那样的人物；宋钦宗不敢用李纲，所以注定被一些"妖人"玩弄。

漫漫“北狩”路

公元1127年，金军灭掉北宋，把开封城内大批财宝带回老巢，还有下面的战利品：徽、钦二帝以及妃嫔、皇子、公主、宗室贵戚、大臣三千多人。

在去往金国的路上，这些俘虏，特别是那些女人受到了噩梦一样的对待。钦宗的皇后朱氏当时才二十六岁，正是光芒四射的年纪，经常受到金兵的调戏。在北上的路上，这位年轻的皇后常被迫给金军唱歌助兴，一次，有人调戏她，吓得她心脏病突犯，这人竟上去用手捏她的肚子说：“病好了，病好了。”但她没有学中国古代烈女，把肚子挖了，而是仍旧屈辱地活着。

但到金国后，她实在受不了了。金国人捉来这么多俘虏，当然要搞个献俘仪式。在献俘仪式上，金人命令徽、钦二帝及其后妃、宗室、诸王、驸马、公主，都穿上金人百姓穿的服装，头缠帕头，身披羊裘，袒露上体，到金朝阿骨打庙去行“牵羊礼”。朱皇后无法忍受这样的待遇，“牵羊礼”结束后的那天晚上，她自尽了。

庙堂真相

茴香与回乡

1127年，宋徽宗在金营亲自做了一锅汤，要人去市场买茴香。因为小贩不提供袋子，所以买茴香的人在地上捡了一张黄纸包裹回来，原来那黄纸是赵构登基的通知，宋徽宗大喜，对人说：“茴香就是回乡的意思呀！”

金人在献俘仪式结束后，将男俘虏分散为奴，发给他们吃的和穿的。吃的是每人每月五斗稗子，这种东西就是没有收拾好的小麦，想要吃了不得阑尾炎，必须得把外面的薄皮吹掉。可吹掉后，小麦还不到二斗。穿的，是每人每年发给的五把麻，自己织麻做衣服。

夏天还好，虽然会被饿死，但不会被冻死。冬天一来，为了活下来，必须冒着奇寒，外出拾取柴火，回来用柴火烤火，大概是被冻得太厉害，猛一遇到热，耳鼻和手指脚趾往往自行脱落，在没有缓过来时并不知道，等身体温度上升后，他们才开始感到痛，惨叫声不绝于耳。

宋徽宗与宋钦宗的遭遇自不用说，在献囚仪式上，金人就给他们爷俩儿起了侮辱性封号，称徽宗为“昏德公”，称钦宗为“重昏侯”。到了金国后，金人把两人扔到了渺无人迹的五国城。给爷俩儿准备的囚室很简单，只有漏风的墙壁和潮湿的地。凭着坚强的意志力，两人绝不自杀。当时，看守他们的金人每天只供给他们一次饭和水，现在在东北，有许多人拿一种豆饼喂牛，他们当年吃的就是这个。

野史秘闻

柔福帝姬疑案

靖康之乱中，宋徽宗十七岁的女儿柔福帝姬被掳往金国，几年后，有女子从金国逃归，自称柔福。一番查验下来，各项事情都对得上，只是这女子有一双大脚，不似曾经养尊处优的公主。女子痛哭：“金人驱逐如牛羊，乘间逃脱，赤脚奔走到此，山河万里，岂能尚使一双纤足，仍如旧时模样？”南宋朝廷册封她为长公主。再后来，宋高宗生母从金国放归，指认此柔福是假的，女子被诛。也有人质疑，此柔福是真，被杀人灭口罢了。

吃的差一些就算了，可惜的是，他们还经常受到金人的殴打。有一次，父子二人遇到一位来自宋朝京师的老者，同忆往事，三人放声大哭，金人听到了哭声，气得七窍生烟，认为他们根本就没有脸哭，于是就每人抽了二十鞭子。但是，他们仍然坚强地活着。

在受了许多折磨，又看不到未来后，徽宗皇帝终于想到了死，他将衣服剪成条结成绳，准备悬梁自尽，可他的儿子钦宗不让，因为钦宗自己没有勇气死，而老爹一死，他就更孤单了。于是，他把正准备解脱的老爹活活地拉回了地狱。二人抱头痛哭。

徽宗后来终于病死，等他儿子发现时，尸体已经僵硬。徽宗的尸体被架到一个石坑上焚烧，烧到半焦时，用水浇灭火，将尸体扔到坑中。在金人看来，这样做可以使坑里的水做灯油。当徽宗的尸体正在冒油时，钦宗悲伤欲绝，想跳进坑中，却被人拉住，拉他的人居然说，活人跳入坑中后，坑中的水就不能做灯油用了，所以，不准钦宗跳。可以想见，他活到后来，连死的权利都被剥夺了。后来，宋钦宗还是死了。这个时候，南宋已经开始了很久，两人的死亡对正在逃跑的南宋政府来说，已无足轻重。

向历史借智慧

"少壮不努力，老大徒伤悲"

不知道徽、钦二宗发现自己不得不老死异乡的时候，会不会觉得后悔，后悔当年虚度岁月、不发愤图强，后悔当初的懦弱和动摇，不能坚决抵抗，也后悔错听了一些人的话和没听一些人的话。"少壮不努力，老大徒伤悲"，当初不努力是因为料想不到未来的风险，也不能真切地体会到今天的努力和明天的幸福之间的关系。加油吧朋友，放下侥幸心理，努力每一天。

学习笔记

图书在版编目（CIP）数据

一口气读懂中国史／将进酒·黄 著．—北京：东方出版社，2020.1
ISBN 978-7-5207-1206-4

I.①一… II.①将… III.①中国历史－古代史－青少年读物
IV.①K220.9

中国版本图书馆 CIP 数据核字（2019）第 198578 号

一口气读懂中国史·北宋故事
(YIKOUQI DUDONG ZHONGGUOSHI·BEISONG GUSHI)

作　　者：将进酒·黄
责任编辑：辛春米
出　　版：东方出版社
发　　行：人民东方出版传媒有限公司
地　　址：北京市朝阳区西坝河北里 51 号
邮　　编：100028
印　　刷：三河市嘉科万达彩色印刷有限公司
版　　次：2020 年 1 月第 1 版
印　　次：2020 年 1 月第 1 次印刷
印　　张：70（全 10 册）
开　　本：880 毫米 ×1230 毫米　1/32
字　　数：1570 千字（全 10 册）
书　　号：ISBN 978-7-5207-1206-4
定　　价：268.00 元（全 10 册）
发行电话：(010) 85924663　85924644　85924641